徳川家康大全

静岡大学名誉教授
小和田 哲男

はじめに

徳川家康ほど、その人物評価に波のある武将も珍しいのではなかろうか。よく知られているように、家康は、江戸時代二六〇余年間、幕府の創始者として、〝神君〟とか〝東照大権現〟とよばれ、文字通り、神としての扱いをうけていた。家康を批判することは、すなわち、幕政を批判することと意識されていたのである。

たとえば、慶安二年（一六四九）刊行の『古状揃』が発禁処分をうけたことなどは、幕府権力による「家康タブー」づくりの先鞭をつけたものといっていいのかもしれない。この『古状揃』には、豊臣秀頼の「家康は表裏之侍前代未聞に候、太閤之厚恩を忘れ……」といった書状が含まれており、家康非難の書とみなされたからである。

では、家康が〝狸親爺〟とか〝腹黒い男〟になるのはいつごろからであろうか。

それはいうまでもなく、明治維新以後である。戊辰戦争に勝った朝廷および討幕派の人びとは、「自分たちが倒した江戸幕府は悪い政権だった。その創始者は家康だ」ということで、明治新政府の関係者によって、家康非難の論調がだんだん高くなっていったのである。

極端ないい方をすれば、家康は明治維新によって、〝神〟から〝狸〟に引きずりおろされてしまったといっていい。

家康の「復権」がはかられたのは戦後になってからである。戦国乱世に終止符をうった家康、幕藩体制という、世界史にもまれだといわれるほどの強固な体制をつくりあげた、その組織者としての実像にスポットがあてられ、家康の組織づくり、人材登用・人材配置の卓越性などが注目されはじめたのである。それと、信長のような天才型でない、どちらかといえば鈍才型の家康が努力に努力を重ねることによって最後の統一の覇者になりえたという点が、世の多くの鈍才たちの共感をよんだといってもいいのかもしれない。

家康という武将を理解するためには、一つには、江戸時代の松平中心史観、すなわち、いわゆる「神君神話」をうち破っていかなければならないと思っている。

家康に関しては、史料的裏づけのない伝説がたくさんある。しかも、従来はそのことを問題にするということもあまりなかった。たくさんの伝説すべてが根も葉もないこととは思えないが、明らかに誤まっているものと、そうである可能性のあるものとをふるいにかけていく作業は、実はこれからの仕事なのである。「神君神話」によって創作されたものと、そうでないものとを見きわめていくことが、家康の実像に近づいていくための第一歩である。

二つ目は、それと同時に、明治以後の家康に対する不当評価も正していく必要があるという点である。家康が、秀吉死後、秀頼に代わって天下を取ったことは、果たして非難されることなのであろうか。「約束を破った」という道徳的な、あるいは倫理的な観念でいえば、家康の行為はいうまでもなく悪である。しかし、それは、戦国時代の中で評価されるものであり、近代の価値観によって判断されるものではないと私は考えている。

「力のある者が天下を取るのがあたりまえ」という戦国時代の観念からすれば、家康が秀頼に代わって天下を取ったことは非難に値しないとみるのが自然であろう。

さらに三つ目として、戦後の無批判的な家康迎合論とも一線を画していかなければならないのではないかと考えている。単に、「成功者家康に学べ」とか、「家康の組織づくりのノウハウをつかめ」というだけでは、英雄崇拝にすぎず、英雄待望論で終ってしまうおそれがある。どういう時代状況に家康は生まれ、家康が課題としたものが何であったのかをあわせて明らかにすることが、家康を理解する上において不可欠である。

そこで、本書において私は、ただ家康の生いたちとか事績を明らかにするのではなく、他の同時代を生きた武将たちと比較・対照することによって、家康個人の人間的魅力はもちろんのこと、家康の果たした歴史的役割についてもできるだけくわしく探っていきたいと考えている。

小和田 哲男

◉目次

【三章】天下盗りへの戦略・戦術

【三章】信長・秀吉・家康の国盗り合戦

【五章】徹底分析! 家康勝利の秘密

【六章】徳川家康――太平国家への総仕上げ

写真提供／朝日新聞社・毎日新聞社

◉一章——

人間家康、苦難の門出

◇松平一族の命運を背負って

天下統一の夜明け

家康が生まれたのは天文十一年（一五四二）である。戦国時代を四つに分ける時期区分の考え方にしたがえば、第一期の一番終りの段階ということになる。わかりやすくいえば、ボルトガル人によって、種子島《たねがしま》に鉄砲がもたらされた一年前だということになる。

織田信長より八歳下、豊臣秀吉より五歳下になるが、信長・秀吉は尾張の生まれ、家康は三河の生まれで、尾張・三河出身者による天下統一の事業がスタートした。

家康の幼名《ようみよう》（童名《どうみよう》）は竹千代である。これから竹千代の生い立ちを追いながら、家康に課せられた課題、その課題にどうたちむかっていったのかをくわしくみることにしよう。のちに天下人となる家康が雄飛することのできた環境なり条件といったものが明確になってくるはずである。

祖父、清康の遺業を継ぐ

元服のとき、松平竹千代は今川義元から「元」の一字を与えられて、松平元信と名乗ることになった。その元信は初陣にあたって元康と名乗りを変えている。武名が高かった祖父清康にあやかろうとしたためであるといわれている。

では、家康があやかろうとした清康とはどのような武将だったのだろうか。家康は清康のどういった部分をうけついだのだろうか。

清康は、親氏を初代とする徳川系図にしたがえば七代に位置づけられる（↓コラム二九頁）。十三歳で家督をついだ清康は、早くも大永四年（一五二四）五月、岡崎城主松平信貞の属城である山中城を攻め落とし、その武威を恐れた信貞は、娘を清康に嫁がせ、岡崎城を譲っている。ここにおいて清康は、信光以来五代の本拠だった安城城を出て岡崎城に移り、それ以来、岡崎城が松平宗家《そうけ》（嫡流家）の本城となり、「家城《いえじろ》」などとよばれるようになったのである。

規模はまだまだ小さいが、松平氏は、この清康のとき、それまでの国人領主から戦国大名に転化したわけである。

もっとも、「戦国大名に転化した」といい切ってしまうことには若干の問題があるかもしれない。正確にいえば、突然の清康の死によって戦国大名化の道が断たれてしまったからである。これがいわゆる「守山崩れ」である。

清康は天文四年（一五三五）、西三河征覇の勢いをかって尾張に進出し、織田信秀の軍勢と戦うため尾張守山に着陣した。このとき、一族の桜井松平信定はひそかに信秀と通じ、清康に従軍していなかった。結果的にはこのことが大事をもたらしたわけである。

十二月四日、清康の軍が尾張守山に布陣したとき、清康の陣に、譜代の重臣阿部定《さだ》吉《よし》が信定と通じているといううわさが飛んだ。しかも、間の悪いことにその直後に、陣中でちょっとした騒動がおこったのである。その騒動を、父定吉が清康によって討たれたものと早合点した定吉の子弥七郎が、清康に切りかかり、一刀のもとに殺してしまったのである。このときの刀が村正といわれている。清康はまだ二十五歳の若さであった。

松平家のドン底時代に生まれた家康

「守山崩れ」で清康が非業の最期をとげたとき、清康の子広忠はまだ十歳で、当然のことながら、三河は清康出現前の混乱の時代にもどってしまったのである。

特に、松平信定は、チャンス到来とばかり宗家の追い落としをはかった。信定は清康の父信忠の弟で、つまり、清康にとっては叔父にあたり、しかも、信忠と家督を争ったという経歴をもっている。清康が死に、嗣子広忠がまだ若く、家督を奪う絶好の機会だったのである。

結局、信定が岡崎城から広忠を逐って自ら岡崎城主となり、広忠は阿部定吉らに守られて伊勢に亡命するはめになってしまった。松平氏にしてみれば最悪の事態であった。

こうした事態を何とか乗り切ろうと、譜代の重臣たちが額をよせあって相談しあった結論は、「この際、今川義元の力を借りるしかない」というものであった。清康が生きていたときに、今川勢力と対抗するため、わざわざ新田源氏に系図をつなげ、世良田氏を名乗った栄光はなく、今川氏の助けをかりて岡崎復帰をはかるということになった。

天文六年（一五三七）六月、広忠は義元のあと押しによって岡崎城にもどることができ、しかも、広忠にとって幸運なことに、その翌年十一月、反広忠勢力の中心となって画策していた信定が没し、何とか、領国を回復できるきざしがみえてきたのである。

とはいっても、三河の内乱状態を隣国尾張の織田信秀がだまって見すごすはずはなく、天文九年（一五四〇）六月には、安城城が信秀の手に落ち、織田勢の三河進出に歩調をあわせるように、譜代の重臣たちの中から、織田方に走る者もあらわれはじめた。広忠にとってショックだったのは、宿老酒井忠尚《ただひさ》の寝返りであったろう。『松平記』が、「国中大方敵に成、岡崎一城に成申」と記すのは、決して誇張ではなかったのである。

それればかりか、「織田勢に対抗する」という名目で今川軍が多数三河に進駐し、三河は今川氏の植民地と化してしまった。広忠の嫡男竹千代、すなわち家康が生まれたのは、松平氏にとってまさにドン底ともいうべき、このような天文十一年（一五四二）十二月二十六日のことであった。

家康の母於大《おだい》の方は、刈屋《かりや》（刈谷）城主水野忠政の娘である。於大の方輿入れの仕掛人は、清康の後妻於富の方（のちの源応尼）といわれている。彼女は、はじめ水野忠政に嫁ぎ、於大の方を生んでおり、愛娘《まなむすめ》を、血はつながらないが子である広忠に嫁がせたのである。

家康の出生伝説

ここで、家康出生にまつわる伝説を紹介しよう。

広忠に嫁いだ於大の方は、鳳来寺の薬師如来に身体の丈夫な男児が授かるよう願かけをした。どちらかといえば、広忠はひ弱な方だったからである。

ある夜、於大の方は薬師如来十二神将のうちの一つである真達羅《しんだら》大将が腹にとびこむ夢をみた。そこで懐妊を知ったという。「もしかしたら」と思った於大の方が鳳来寺のお薬師さんにおまいりをしたところ、薬師堂にならんでいる十二神将のうち真達羅大将のみが消えていた。これ以来、「竹千代は真達羅大将のうまれかわり」といううわさがパッとひろまったことはいうまでもない。

真達羅大将といっても、ちょっとなじみが薄く、知っている人は少ないと思われる。薬師如来に属して、仏教の行者を守護する十二の夜叉大将《やしゃたいしょう》とよばれるものの一つで、普賢菩薩《ふげんぼさつ》の化身といわれている。

この伝説には後日譚がつく。家康は元和二年(一六一六)に駿府城に没するが、家康の死とともに、鳳来寺薬師堂の真達羅大将が再びもとの場所にもどっていたという。「荒唐無稽な伝説さ」といって片づけてしまうのはたやすい。しかし、このような伝説が語られるようになった背景については、少し考えておく必要があるのではないか。

さきにみたように、広忠はひ弱な体だったといわれている。松平氏家臣団たちにしてみれば、広忠に清康のような働きぶりを求めるのは無理とみたであろう。そうなれば、広忠の子供に期待をつなぐしかない。家臣たちの願いは、「亡き清康殿の再来を!」という一点に集約されていたと思われる。

つまり、この伝説は、「生まれてきた竹千代が強い子であってほしい」と願う家臣たちの気持の所産であった。場合によっては、この伝説が形成される過程で、誰かがこっそり薬師堂にしのびこみ、真達羅大将をどこかに隠したかもしれない。もしかしたら、それは於大の方自身だったのかもしれないが、暗く沈みがちな松平家中に、「生まれてきた竹千代は、真達羅大将の生まれかわりだそうな」という形でまたたく間にひろまり、それは、竹千代、すなわち家康を、広忠の家督継承者として位置づけ、希望の光となったものと思われる。

　このようにみてくると、家康は清康の孫として、たしかにそれなりの器量は生まれながらにもっていたとは思われるが、同時に、清康の孫として、まわりから期待されるにつれ、知らず知らずの間に器量そのものが身についていったという側面があったこともみなくてはならない。極端ないい方をすれば、父広忠が病弱だったことが、かえって家康の資質向上にとってはプラスだったのである。

今川と織田のはざまで

　しかし、竹千代誕生で岡崎城中がわきかえったのもつかの間であった。於大の方の父水野忠政が天文十二年（一五四三）に死んでしまったのである。ふつうならば、忠政一人が死のうが大勢に影響ないところだが、この場合はちがっていた。刈屋にまで織田信秀の手がのびてきていたのである。

　忠政の死後、刈屋城主となったのは信元で、於大の方には兄にあたる。その信元が、信秀の誘いに乗って織田方になってしまった。「一度嫁いだ以上、実家が敵方になろうが無関係」というのがむしろ戦国的常識なのだが、このときの広忠の立場からすれば、そのような常識など通用するような状態ではなかった。

とにかく、松平領は、今川氏の植民地といってもいい状況で、正室の兄が織田方についたということは由々しき事態だったのである。

水野信元が、はっきり織田信秀に属すということになったのは天文十三年（一五四四）で、ここに至り広忠は、於大の方を実家に送りかえすことにしたのである。

弱い立場の広忠は、於大の方をそのままにしておけば、義元から「織田氏とつながっているのではないか」と疑われることになるのではないかと恐れた。

於大の方を離別して、刈屋の水野氏とは一切関係ないことを形にあらわして証明してみせる必要があったのである。

於大の方は、まだ三歳の竹千代を置いて刈屋に帰っていった。三歳といっても、実際は生後一年半ぐらいしかたっていない。戦国時代の政略結婚がいかなるものであったかを、この於大の方の事例は雄弁に物語っている。

聡明な母、於大の方

於大の方が実家に帰されるとき、一つのエピソードがある。

広忠は供の者五〇人ほどをつけ、「刈屋まで送り届けるように」と命令をした。ところが、途中まできたところで、於大の方は、供の者に、「輿をここにおいて、すぐ岡崎に帰るよう」促したのである。

供侍は、「広忠殿の命令だから」といって聞きいれないでいると、「兄は、そなたたちを殺すかもしれない。両家にこれ以上罅《ひび》が入るのは何としても避けたい」といって無理やりに追い帰したのである。

於大の方の読みはあたっていた。供の者たちがひそかに隠れてみていると、水野方の侍がきて、「一人残らず討ち取れとの命令があったのに」といって地団駄ふんでくやしがったという。

このエピソードは、於大の方の聡明さ、先見の明を示すものとしてよく引きあいに出される。その意味において家康は、祖父清康の武勇の血と、母於大の方の聡明さとをうけついだということがいえよう。

さて、於大の方を離別したあと、広忠は後妻を迎えている。これは、広忠の意志というより、今川義元の意向が強く働いていたのではないかと思われる。相手は、渥美郡田原城主戸田康光の娘真喜姫である。

同じころ、刈屋城に送り帰されていた於大の方にも再婚話がもちあがっていた。

相手は尾張阿古居《あぐい》城主久松佐渡守俊勝という織田方の部将である。

於大の方は、政略によって広忠との仲を引き裂かれたばかりか、今度はまた、政略によって嫁がされていった。

ちなみに、於大の方は、再嫁後、俊勝との間に三男四女をもうけている。

略系図　家康の父母・祖父母

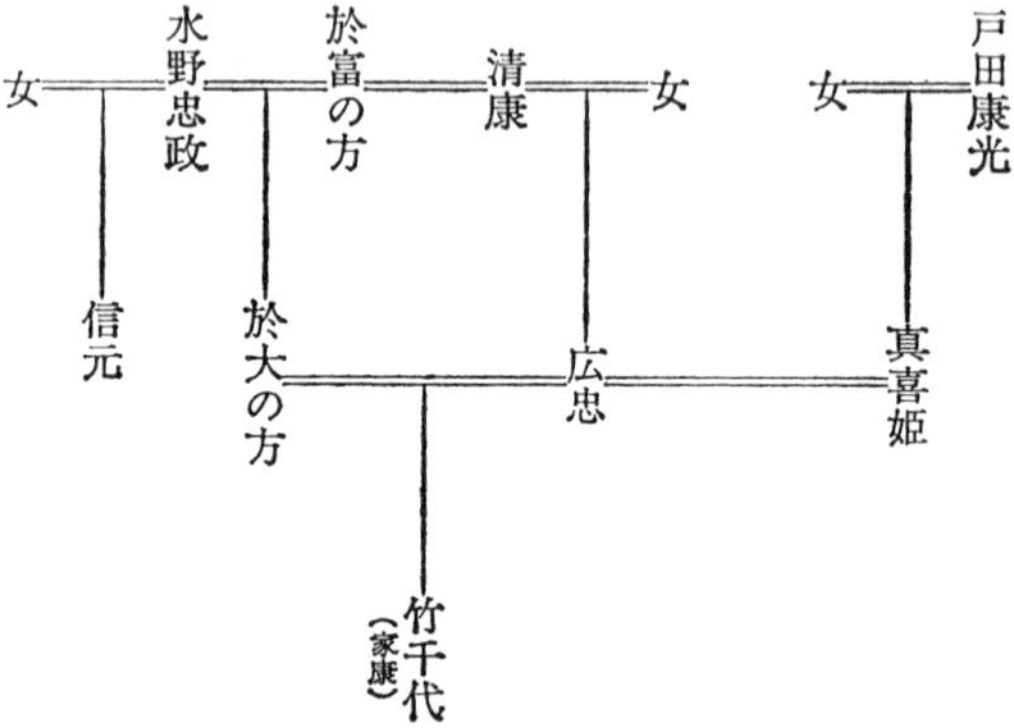

三河に根を張る十四松平

三河国の加茂郡・碧海《へきかい》郡・幡豆《はず》郡・額田《ぬかた》郡それに宝飯《ほい》郡には松平一族が蟠踞していた。清康―広忠―家康の三代を輩出した岡崎城の松平氏がその中心となるわけであるが、枝わかれをしていった松平一族を総称して「十四松平」とか「十八松平」などとよんでいる。

数のちがいは、どの松平氏を入れるかによるもので、きちっと「十四松平」という形で決まっていたわけではない。では、ふつうにいわれている「十四松平」の松平氏とはどういう家で、また、それはどのように成立してきたのかをみておくことにしよう。

江戸時代の徳川氏が、その系図で三代目に数えている信光のとき、松平氏は飛躍的な発展をしているのである。

とにかく、信光には男女あわせて四十八人の子供がいたというのだから恐れいる。この数そのものについては、どこまで信用できるかは明らかではないが、数多くの子供を有効に使い、男子は別家をたてさせ、女子は嫁がせたりして、勢力の拡張をはかっていったことは疑いないところであろう。

事実信光は、岩津城を拠点にして額田郡を完全に支配下におき、さらに碧海郡にも進出し、ついに安城城をも拠点にすることに成功しているのである。

「十四松平」などといわれる松平庶流家は、実にこの子福者信光の子供たちから派生していった。

ところで、江戸時代にできた徳川系図にしても「十四松平」の諸家の系図にしても、信光―親忠―長親―信忠―清康―広忠―家康と続く、岩津→安城→岡崎松平氏を、松平氏の宗家、すなわち嫡流家として描いており、後世の人々は歴史家を含めてそれを信用し、理解してきた。

しかし、それは疑問の余地がないことなのだろうか。たとえば、清康に属城山中城を攻められて降伏した岡崎松平の親貞や、あるいは岩津松平の親長らの方が嫡流で、清康・広忠・家康とつながる家の方がむしろ庶流家だったと考えることもできるのではないだろうか。

親貞は清康に降伏し、岩津松平も天文年間に断絶してしまったので、新しく岡崎城を奪って入った清康の系統が嫡流家になりすましたことは十分考えられる。「神君中心史観」的な系図類は、この際再吟味が必要である。

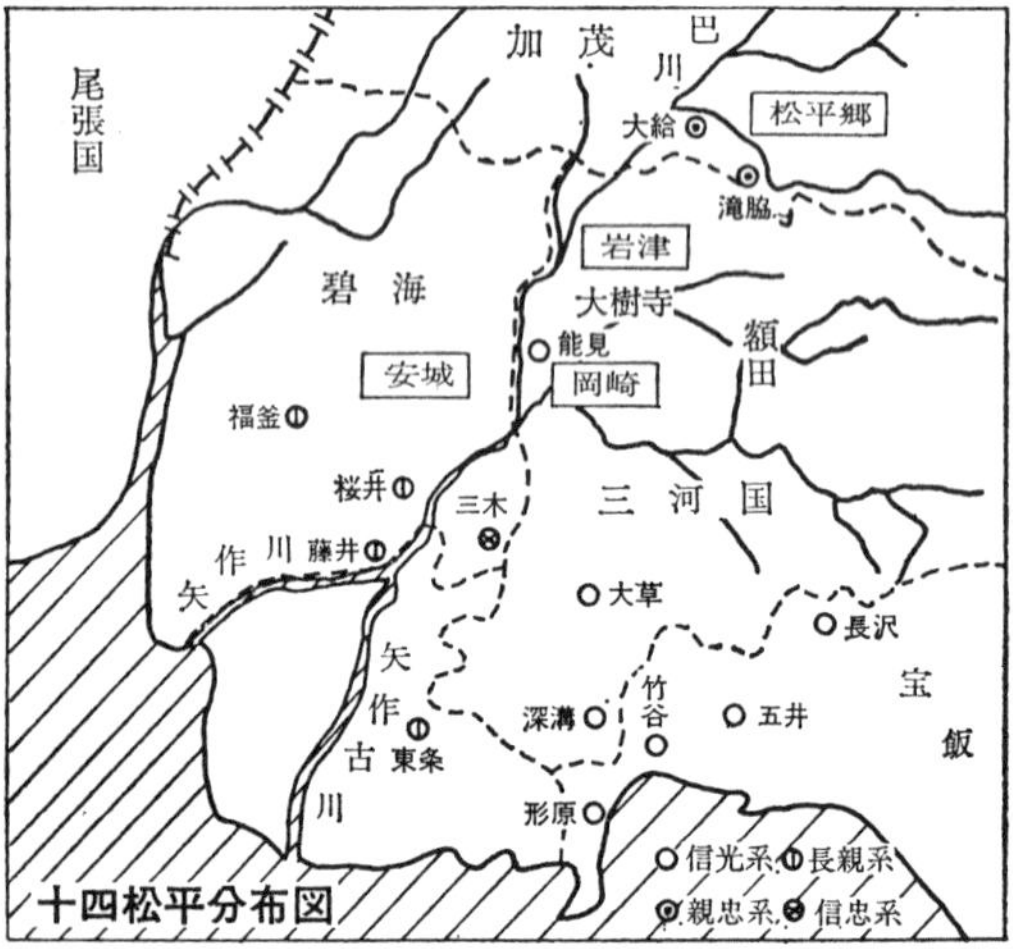

十四松平分布図

苦難の運命を力強く生きぬいた人質時代

織田へ売られた竹千代

今川義元の保護のもと、何とか領国を保っていた松平広忠であるが、やがてまた一つ火種をかかえこむことになった。広忠にとっては叔父にあたる三木松平の信孝が、織田方となっていた酒井忠尚・松平忠倫《ただとも》らと結び、広忠を岡崎城から追い出し、宗家横領をくわだてはじめたからである。

焦った広忠は義元に泣きついた。「至急援軍を送ってほしい」との内容である。義元の方は心得たもので、「竹千代を駿府へ人質として差し出せば援軍を送ろう」と返事をしてよこした。

広忠にしてみれば危急存亡のせとぎわである。二つ返事で人質の件を承諾し、竹千代は天文十六年（一五四七）八月、駿府に送られるため、岡崎城を出発した。このとき、六歳であった。このときの人質は、広忠から義元へ差し出したもので、対等の力ある者が同盟のときに人質を交換したというのではなく、明らかに従属し、臣従することを誓い、裏切らない証《あかし》として提出されたものである。

竹千代一行は西郡《にしのこおり》から船で田原に出、そこから陸路を取って東海道を東に下る予定であった。ところが、そこで思わぬ事態に直面するのである。このさきは記録によってまちまちで、どれが史実なのかわかりにくい。たとえば『松平記』によれば、竹千代一行は陸路をとって潮見坂にさしかかったとき、戸田康光の手勢が不意に襲いかかり、竹千代は捕えられて船で尾張に送られたとしており、大久保彦左衛門忠教《ただたか》の『三河物語』では、田原に着いたところで、戸田康光が竹千代一行を船に乗せ、駿府に送るとみせかけて尾張の熱田へ運んでしまったということになっている。今日では、この『三河物語』の描くところが最も実際に近いところとされている。

田原城主戸田康光というのは、広忠の後妻になった真喜姫の父である。つまり、竹千代にとっては、血がつながらないとはいえ、形の上では祖父にあたる。竹千代は、祖父にだまされたわけである。広忠の後妻として真喜姫が迎えられたのは、織田信秀方につくおそれのある戸田康光を今川方につなぎとめておくため、義元の意向によって進められたといわれているが、結果的には、それら工作もまったく裏目に出てしまったことになる。

ところで、大久保彦左衛門が、『三河物語』で、「小（織）田弾正之忠江ゑゐらく（永楽）銭千貫匁に竹千代様を売《うられ》させられ給ひて……」と記していることは注目しておかなければならない。戸田康光は、駿府へ送られるはずの人質を奪い取り、それを逆に織田信秀の方に届けたことにより、その褒美として一〇〇〇貫文もらったことがうかがわれるのである。

大久保彦左衛門がいうように、竹千代は一〇〇〇貫文で織田方に売り渡されてしまったことになる。

もっとも、実際のところ、本当に一〇〇〇貫文であったかどうかはわからない。記録によっては一〇〇貫文とするものもあれば、五〇〇貫文としているのもある。しかし、いずれにせよ、戸田康光の裏切りによって、本来の目的とは正反対のところに送りこまれてしまったわけである。広忠や義元の驚きと怒りがどのようなものであったか想像できようというものである。

父に見捨てられる

信秀は竹千代の身柄を拘束し、それこそ鬼の首を取ったように、広忠に対し、「わが方に味方せよ。さもなければ竹千代の命はないぞ」とおどしにかかった。信秀にしてみれば、これで広忠は今川の手を離れると思ったのであろう。

ところが、ひ弱なはずの広忠が、意外なことに芯のあるところをみせる。信秀からの誘いをきっぱりと拒絶しているのである。

広忠の返答は、諸書を総合するとだいたいつぎのようになろう。

「竹千代は今川家へ送った人質である。たとえ、竹千代が信秀のもとにあるとはいえ、わが子への愛につられて今川家の多年の厚誼《こうぎ》に背いては末代までの恥辱である。人質を殺すも生かすも存分になされよ」

つまり、竹千代は父広忠にも見捨てられた形になる。信秀の思惑はまったくはずれてしまい、父から見捨てられた人質には一文の値うちもないわけで、かといって、殺せば完全に松平一族を敵にまわすことにもなり、まったく役にたたない人質として軟禁することにしたようである。

竹千代は二年間、尾張で織田氏の人質として暮すわけであるが、どのような生活ぶりだったのかということについてはわからないことが多い。人質として軟禁されたところも、はじめは熱田で、その地の加藤順盛《のぶもり》に預けられたといわれ、のちには那古野《なごや》の万松寺《ばんしょうじ》の塔頭《たっちゅう》天王坊《てんのう》に移されたという。

父、広忠も殺される

義元からの援軍を得ることによって、広忠は天文十五年（一五四六）酒井忠尚を降伏させ、さらに同十七年（一五四八）三月には、小豆坂《あずきざか》の戦いで織田軍を撃退し、四月には、松平信孝を討つなど、松平領国を維持するため、懸命の努力を重ねていた。

仮にそのまま推移していけば、今川氏の支援を得ての上でという条件つきながら、松平領国は広忠によって統率されていくはずであった。

ところが、ここにまた、思いがけない事態がもちあがったのである。広忠が二十四歳の若さで、天文十八年（一五四九）三月に死んでしまったのである。広忠の死を病死としている場合もあるが、ふつうには、譜代の家臣である岩松八弥《はちや》に殺されたと理解されている。岡崎城内において、八弥の発作的乱心により広忠は腹を刺されて重傷を負い、その傷がもとでまもなく息を引きとったといわれている。

徳川に崇る妖刀「村正」

興味をひかれるのは、そのとき、岩松八弥が広忠に切りつけた刀が、さきに、阿部弥七郎が清康を切った刀と同じく村正だったたという点である。

二代にわたる当主の横死という事態はどう考えても尋常ではない。しかも、二度とも、家臣が主君を殺している。阿部弥七郎にしても岩松八弥にしても、主君を殺してそれにとってかわろうという意志はなかったので、厳密な意味での下剋上ということにはならないが、忠誠心のかたまりのごとくいわれている三河武士であっても、内実は決してそのようなきれいごとではすまなかったことを物語っている。

なお、清康・広忠の当主二代を殺した凶刀がともに村正だったということから、いつしか「村正は松平家に崇《たた》る妖剣だ」とうけとられるようになったようである。だいぶのちのことになるが、天正七年（一五七九）九月十五日、家康の長子信康が、織田信長の命によって切腹する破目に追いこまれたとき、家臣の天方山城守通典《みちのり》が介錯《かいしやく》しているが、そのとき用いた刀が村正だったという。

もっとも、村正が妖剣とか妖刀といわれるのは、村正にとっては迷惑なことだったたろう。というのは、村正は伊勢国桑名郡益田荘《ますだのしよう》の住で、三河からは距離的にいっても近く、三河武士が村正をもっている率は他の刀より高かったはずだからである。

今川義元の軍師、雪斎の竹千代奪還作戦

広忠が暗殺されたことを知って一番驚いたのは今川義元だったのではなかろうか。広忠が「竹千代を殺すも生かすも存分に」といって、義元との義理を守ることを第一に考えていた当の本人が死んでしまったわけで、あとの家臣たちがどう考えていたのかが義元にはつかめていなかった。

「人質として竹千代殿が織田方にとられている以上、今さら今川への忠節は無意味」として、家臣たちが相談して織田方についてしまう可能性は皆無ではなかった。義元はそのことを恐れていた。

そこで義元は朝比奈泰能《あさひなやすよし》・鵜殿長持らに命じ、兵三〇〇を預けて岡崎城を接収させ、駐留させている。それだけでは危ないと思ったのであろう。つづいて松平氏の重臣たちから妻子を人質にとって、それを駿府に送りこんだのである。これで、重臣たちが相談して織田方につこうという動きを押えることができた。

当主と仰ぐべき竹千代が尾張に抑留されている以上、松平氏の重臣たちとしてみれ

ば動きようがなく、松平領国は完全に今川領国に組みこまれる形になってしまったわけである。

ふつうならば、この形で推移するところなのだろうが、事態は急転回していく。今川氏にずばぬけた知恵者というか、策士がいたのである。義元の軍師、ときには執権などとも表現される太原崇孚《たいげんそうふ》、すなわち雪斎である。雪斎は、織田方にとられている竹千代を何とか今川方に取りもどせないものかと考え、ついに奇策を考えつく。

雪斎が竹千代奪還のための軍事行動を起こしたのはその年の十一月八日のことである。この日、雪斎自ら総大将となって、織田信秀の、三河最前線の支城である安城城の攻撃をしている。

安城城を守っていたのは信秀の長男信広であった。このあたり、雪斎の計画は緻密《ちみつ》である。城主信広を生け捕りにし、これと竹千代との交換、すなわち人質交換にもっていこうと考えた。

このとき、今川軍は七〇〇〇の大軍で安城城を包囲し、大手に雪斎と朝比奈泰能が布陣し、搦手《からめて》に鵜殿長持・岡部真幸、南門に三浦義就《よしなり》、北門に飯尾顕茲《いいおあきこれ》がとりつき、万全の態勢で臨んでいる。まず、三の丸、ついで二の丸が落ち、信広は本丸に追いこまれ、そこで雪斎の手の者によって生け捕られている。信広は、さきにも述べたように信秀の長男であった。母が信秀の側室だったために、正室土田御前から生まれた三男の信長が嫡子の扱いをうけていたが、信秀にとってかわいい子供であることにかわりはない。そのあたりを雪斎は冷静に読んでいた。

信広を生け捕りにしたのは十一月九日であるが、雪斎はさっそく、人質交換を申し入れる書状を信秀のもとに送りつけ、信秀もその申し出をうけいれ、翌十日、尾張の笠寺《かさでら》で竹千代と信広の人質交換が行われた。雪斎のあざやかな作戦勝ちである。

今川氏の人質となる

松平氏の家臣たちは、「これで竹千代殿が岡崎城にもどってくる」と、安堵の胸をなでおろしたであろう。広忠が死に、当主の座が空席のままである以上、そのように考えるのが当然であった。

ところが、義元は、奪い返した竹千代は、あくまで人質であるとの考えをもっていた。つまり、本来、駿府につれてくる予定だった竹千代が尾張にとられたので、それを奪い返しただけとみていたわけである。したがって、岡崎城の松平氏重臣たちの願いもむなしく、十二日に亡父広忠の墓にお参りしただけで、竹千代は、あらためて駿府に人質としてつれていかれることになったわけである。十一月二十七日に岡崎を発っているので、十二月はじめには駿府に着いている。

以来、永禄三年（一五六〇）五月まで、足かけ十二年間にもおよぶ長い駿府での人質生活を送ることになる。

幼い頃から豪胆だった家康

さて、竹千代の駿府人質時代のエピソードはかなり多く伝えられており、話題にこと欠かない。ここでは、主なもののみ二、三紹介することにしよう。

『御当家紀年録《きねんろく》』という史料に、天文二十年（一五五一）のこととしてつぎのような話がある。天文二十年といえば、竹千代がちょうど十歳のときにあたる。

今川家では毎年、元旦に今川館において主君への拝賀の儀が行われるならわしであった。重臣たちが館の一室に集まって義元のお出ましを待っていたときのことである。竹千代が人質となってまだ二年目なので、重臣たちも竹千代を知らず、「あの子供は誰だろう」とひそひそ話をしていた。中に、「あれは松平清康の孫竹千代ではないか」

と指摘する者もいたが、それを否定する者もいた。

そうしたやりとりを聞くともなしに聞いていた竹千代は、突然、立ち上がり、縁先に出、前をまくしたて、皆が見ているのもかまわず立小便をした。

並みいる諸将は、義元の館の内であり、しかもいつ義元がお出ましになるかわからないときに、平気で立小便をする「勇気」に驚き「まさしく清康の孫ならん」と、ひそひそ話をやめたという。実際のところは、小便が我慢できなかっただけのことかもしれないが、「神君中心史観」でとらえると、いつしかこうしたエピソードも、「だから家康公は幼少のころから豪胆だった」ということになるわけである。

つぎは、『遠州可睡斎《かすいさい》略譜』が伝えるエピソードである。竹千代は子供のころから鷹狩りが大好きだった。あるとき、義元の父氏親の菩提寺に行ったところ、獲物になりそうな野鳥がたくさんいるのをみて、「ここで鷹狩りをやりたい」といい出した。家臣たちは、寺が殺生禁断の場所であることを説明して思いとどまらせようとしたが、竹千代は「それでもやるのだ」といって聞きいれようとしない。そこへ出てきたのが、のちに遠州の可睡斎の一世となった等膳《とうぜん》和尚で、和尚の一喝によって、駄々をこねていたさしもの竹千代も、境内での鷹狩りをしぶしぶあきらめたという。

また、鷹狩りに関しては、竹千代の放った鷹が、よく隣りの孕石主水元泰《はらみいしもんどもとやす》の屋敷にとびこんでしまい、常に孕石から「三河の小せがれにあきれはてた」といやみをいわれていたこともエピソードとして伝えられている。

イメージ一新！　竹千代の厚待遇

このように、竹千代の駿府人質時代のエピソードをひろっていくと、最後の孕石主水の一件を別として、竹千代は比較的のびのびと育っていたということがうかがわれる。よくいわれるように、「暗く、みじめな人質生活」というイメージとはだいぶ異なることに気がつく。

実は、この点は非常に大きな問題で、「竹千代の駿府生活十二年は、本当に人質としてだったのか」という議論とも関係してくるのである。

たとえば、新行紀一氏は、「若き日の家康」（『戦国の覇者徳川家康展』図録）で、つぎのように述べる。

一般に、駿府時代の家康は人質であったというが、これはおかしい。人質とはふつう、降伏（臣従）・同盟などにあたって近親者を相手に渡して異心のないことを示すこと、およびその人間をいう。ところが当時の家康は、当主を失った松平宗家の唯一の男性で、やがて宗家をつぐべき者である。義元は幼少の家康を庇護して、その成人をまって家督を保証したのであって、これは一種の御恩である。しかも義元の姪を配したことは、家康を外様の一家臣ではなく、今川一門格として扱うことである。このような厚遇の人質はありえない。幼年時の辛酸が後の大成の基礎になったというような家康神話は再検討されねばならないであろう。

従来の常識的解釈をはなれて、竹千代の駿府時代の位置を考えなおす時期にきていることはまちがいない。

青年武将家康の活躍

初陣の勝利

竹千代が元服したのは弘治元年（一五五五）三月で、十四歳のときである。元服はふつう十五歳が目安となっているので、十四歳というのはそう早すぎもしない、妥当な線ということになろう。

義元の「元」の一字を与えられ、元信と名乗ることになった。松平次郎三郎元信の誕生である（こののち、何度も名を変えるため、煩雑なので、家康と記す）。元服すれば一人前というわけで、家康自身も、また、家臣たちも、一日も早い岡崎城復帰を義元に懇願したが、義元はなぜかそれを許そうとはしていない。

わずかに、翌弘治二年（一五五六）、亡父広忠の法要を営むために岡崎に帰ることができたにすぎなかった。なお、このとき、家康は、法要をすませたあと、領内の巡検を行っているが、老臣鳥居忠吉は家康の手を引いて岡崎城の蔵に案内し、ひそかにたくわえた米や銭をみせ、「岡崎城復帰の際、松平家再興の資として使ってほしい」といって家康を感激させる一幕もあった。

弘治三年正月十五日、家康は、義元の重臣の一人である関口義広の娘と結婚している。義広の名は、氏広、親永としているものもあるが、その妻は義元の妹といわれているので、義広の娘は義元にとって姪になるわけである。この結婚は、家康が今川氏の一門格として扱われることになったことを示している。

翌永禄元年（一五五八）、家康は十七歳になった。この年二月、それまで今川氏の配下にあった三河の寺部《てらべ》城（現在、豊田市寺部町）の城主鈴木日向守重辰《しげとき》が織田方に寝返るということがあった。怒った義元は家康に出陣を命じている。家康の初陣ということになる。

それまでにも岡崎衆、すなわち松平家臣団は主君がいないまま、今川勢の先鋒として何度か戦いにかり出されていたが、今度は、「殿の初陣じゃ」というわけで、燃えに燃えた。

もちろん、義元には、「自分の姪を娶《め》あわせた元信の武勇のほどは如何」と思ったろうし、本当の主人を得た岡崎衆に大活躍をさせ、駿河や遠江の軍勢を温存させておこうという腹づもりもあったであろう。

しかし、家康を擁した岡崎衆の働きはめざましいものがあった。家康は松平譜代の部将を集めて軍議を開いたが、その席上、「敵この一城にかぎるべからず。所々の敵城よりもし後詰せばゆゝしき大事なるべし、先枝葉を伐取て後、本根を断べし」と作戦を披露し、老臣たちを感心させている。

寺部城攻めは夜討ち、しかも奇襲であった。酒井忠次・本多重次ら重臣のめざましい働きもあって、家康は初陣をみごとな勝利で飾ることができたのである。

この勝利の自信が、家康の武将としての資質にさらに磨きをかけたことが考えられる。逆にいえば、松平一族の総帥としての自己の立場を確実に印象づけるために、何としても勝たなければならない戦いだったことも確かである。

義元は、その軍功の賞として、旧領のうち山中三〇〇貫文の地を家康に返付し、腰刀を贈っている。

ところで、すでに述べたように、家康はこの初陣のころ、それまでの元信という名乗りから元康という名乗りに変えている。改名の理由については、『徳川実紀』に、

「御名を蔵人元康とあらためたまふ。これ御祖父清康の英武を慕はせられての御事とそ聞えける」とあるように、勇猛果敢で知られた祖父清康の武名にあやかろうとしたことはいうまでもない。

岡崎復帰の願い

元服のときには岡崎復帰はかなわなかったが、今度の初陣により、みごと大勝利を得たので、家康自身はもとより、松平家臣団の誰もが、今度こそ岡崎へ帰れるのではないかという希望をもったようである。

特に、さきの初陣に引き続き、岡崎衆が今川軍の先鋒として織田軍と戦い、三月七日、尾張品野《しなの》城を守っていた松平家次の軍勢が織田軍を破ったとき、岡崎衆の主だったメンバーである本多広孝・石川清兼《きよかね》らが駿府におもむき、義元に家康の岡崎復帰を要請したが、結局、義元は「まだ時期尚早」として許可をしなかったのである。

人質としてでなく、松平宗家の家督として育てることが、義元の真のねらいであったとすれば、元服の時点で家康を岡崎に復帰させて当然と考えられる。元服の時点で家康の器量はまだ未知数ということであれば、初陣の大勝利で器量のほどは証明されたはずなので、その時点で岡崎に復帰させてもよかったはずである。

にもかかわらず、実際には、義元は家康を岡崎に帰してはいない。それはなぜなのだろうか。やはり、義元の頭の中には、「岡崎へもどせば尾張へ走るおそれがある」という思いがあったからではないかと思われる。

義元が尾張を警戒する理由はあった。天文の終りごろから、尾張に急激な変化がみられたからである。

天文二十一年（一五五二）三月三日に織田信秀が没し、あとを子の信長が継いだ。義元にしてみれば、「うつけ」とうわさされている信長が家督を継いだことで、なかば安堵の胸をなでおろしたところであった。

ところが、その信長は、家督を継ぐや領内の反乱分子・異分子を着々と掃討し、父信秀の遺業を継いで、尾張統一へのたしかな一歩をふみはじめていたのである。そのことを象徴的に示すできごとは弘治元年（一五五五）の清洲城入城であろう。

清洲城は尾張守護斯波《しば》氏の居城であった。守護斯波義統《よしむね》を弑逆《しいぎゃく》した守護代織田信友を今度は信長が討ち、堂々と、尾張の覇府ともいうべき清洲城への入城を果たしたのであった。

信長は、さらにそのあと、永禄二年（一五五九）までの間に、末盛《すえもり》城にいた弟の信勝を殺し、また、尾張上四郡守護代家の岩倉城の織田信賢《のぶかた》を討ち、尾張一国をほぼ平定することに成功したのである。

義元も、この信長の急成長ぶりには注目していたと思われ、若い家康が若い信長と結びつくことを心配していたことは十分考えられるところであろう。

桶狭間の戦い

永禄三年（一五六〇）五月、今川義元は二万五〇〇〇の大軍を率いて駿府を出発し、尾張に向かった。具体的にみると、五月十日、遠江井伊谷《いいのや》城主の井伊直盛《なおもり》らを先発として駿府を出陣させているが、その中に、家康の姿もあった。

五月十六日、先陣の家康らが池鯉鮒《ちりう》（知立）に到着したとき、義元の本隊はようやく岡崎に入ったところであった。いかに大軍であったかがうかがわれる。そして、十八日、義元は大高城に兵粮を入れることを家康に命じた。大高城はもう熱田に近く、織田領に深く入りこんだ今川方最前線の拠点だったところである。

まわりが敵だらけで危険な仕事であったが、家康は奇計をもって無事やりとげてい

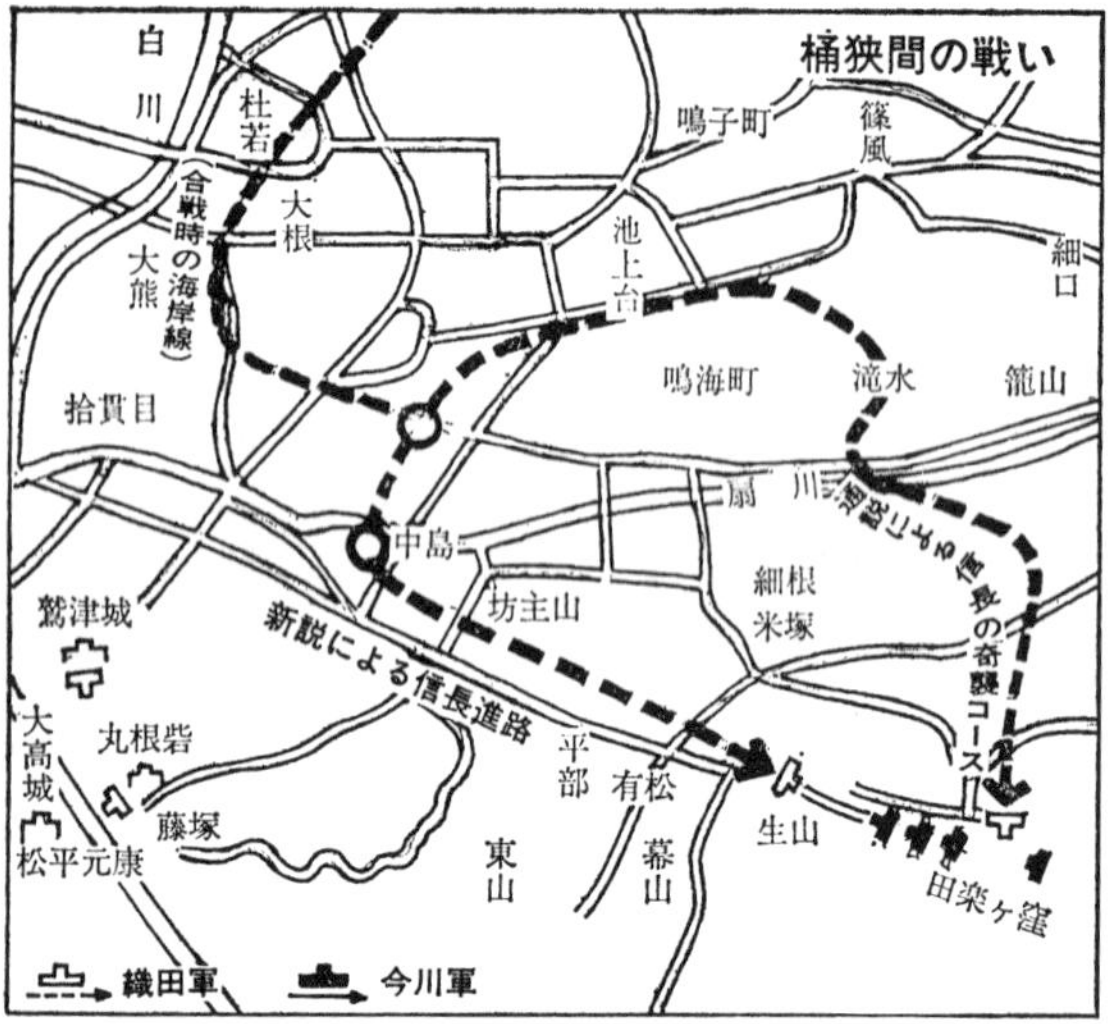

る。さらに翌十九日早暁、家康は織田方の部将佐久間盛重の守る丸根砦を攻め落としている。

同じころ、織田方のもう一つの最前線の砦であった鷲津砦の方も朝比奈泰朝の攻撃によって落ち、この、緒戦における織田方二砦陥落というニュースは、その日の昼頃、沓掛《くつかけ》から大高へ向けて進軍中の義元本隊に届けられた。

そのころ義元は桶狭間の田楽ヶ窪という所を通過中であったが、二砦陥落というニュースを聞いて、そこで昼食をとり、戦勝気分に酔いしれ、酒宴となってしまった。

考えてみれば、敵地での酒宴など正

気の沙汰ではないが、それだけ義元に奢りと油断があったのであろう。逆説めいたいい方をすれば、家康の働きが義元の死期を早めたということになろうか。

桶狭間の戦いがあったのはこの日、すなわち永禄三年五月十九日の午後二時ごろのことといわれている。従来の通説だと、信長率いる二〇〇〇の決死隊が、間道を通って桶狭間に近づき、奇襲によって義元の首を落としたということになっているが、最近、桶狭間の戦いは奇襲ではなく、信長軍と義元軍の正面衝突だったとする考え方が提起されている。

この時期のことについてくわしく、また、信憑性の高いことで定評のある『信長公記』も奇襲説はとっていないので、奇襲ではなかった可能性が高い。

◇戦国大名家康の天下盗りへの布石

統一への試練、三河一向一揆

義元が死に、また、今川氏と手を切ったとなると、それまでの元康という名乗りは好ましいものではなくなった。そこで、永禄六年（一五六三）七月六日、元康という名乗りから家康という名乗りに変えた。ここに、松平家康となったわけである。

その年の九月、三河で一向一揆が勃発した。当時、浄土真宗のことを一向宗とよんでおり、一向宗の門徒がおこした一揆を総称して一向一揆としている。

三河、特に西三河は北陸の加賀・越前などとならんで一向宗が盛んな土地柄で、佐《さ》崎《ざき》の上宮寺《じょうぐう》、野寺《のでら》の本証寺《ほんしょう》、針崎《はりさき》の勝鬘寺《しょうまん》が三河三ヵ寺とよばれ、この地域の浄土真宗教団の拠点となっていた。

そもそもの一揆の発端は、そのころ、上野《うえの》城主だった酒井忠尚が今川氏真に内通している疑いがあるということで、菅沼定顕《さだあき》に上宮寺の有する籾を借りさせようとしたことであるという。拒絶された菅沼定顕が無理に糧米を奪い取ったため、上宮寺は門徒武士、農民に、家康に対する徹底抗戦を指示したというのである。

ただ、一揆蜂起の理由については諸説あり、『永録（禄）一揆由来』という史料の伝えるところによれば、野寺の本証寺境内にいた鳥井《とりい》浄心《じようしん》という商人と、岡崎の侍衆との紛争が火種になったという。

結局は、それまで一向宗に対し比較的寛大な措置をとってきた今川氏時代にくらべ、家康の時代になって、特に一向宗寺院との間に利害の対立がのっぴきならないところに至っていたということになる。どこにでも一触即発の危険がころがっており、些細なことが引き金になり、大混乱におちいることになったと思われる。

一向一揆側に属した武士たちの思惑は実にさまざまであった。たとえば、東条城主吉良義昭《きらよしあき》やその一族で幡豆郡八面《やつおもて》城主の荒川義広などのように、ただ、「反家康」という政治的立場だけから一揆軍に加わったものもおり、純粋に信仰上からという者ももちろん多く含まれていた。

三河一向一揆で、家康が最も頭を悩ましたのは、家臣の中に一向宗門徒がたくさん

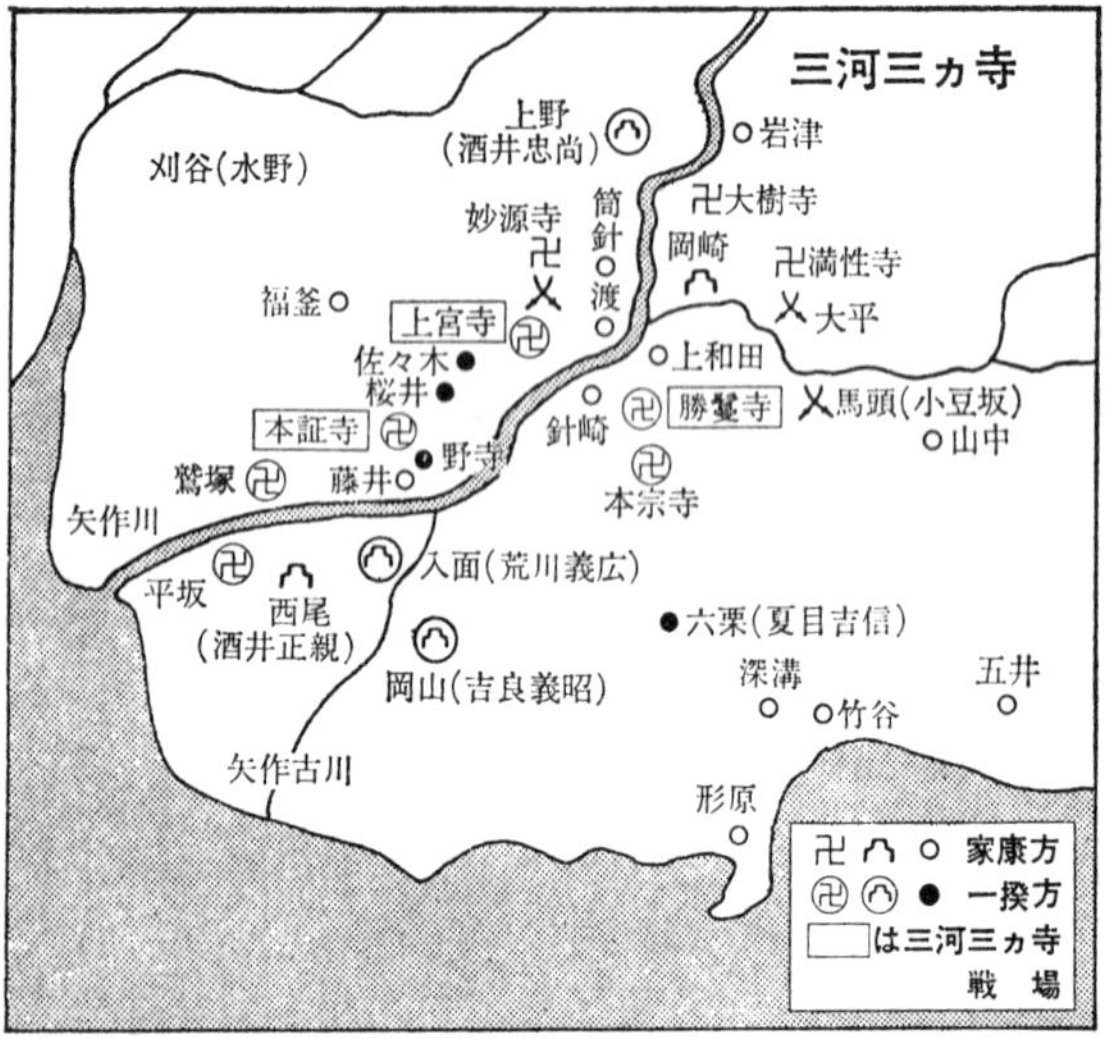

いたことであった。たとえば、のちに家康の「ふところ刀」などとよばれた本多正信などは一揆側の一員だった。中には、何くわぬ顔で家康の軍議に加わっておりながら、いざ戦いという場面では、一向一揆側として家康に鉄砲を向けるものも出る始末だったのである。

今川氏から独立したばかりの家康にとってみれば最大の試練ということになるが、家康は一向一揆と徹底的に戦うことによってその危機を乗り切ったのである。

一向一揆との戦いは翌永禄七年までもちこされたが、家康は、最終的に講和という形にもちこんでいる。もっとも、結果的にみれば、その講和は武略としての講和で、「寺をもと通りにする」といいながら片っぱしから破壊し、一向一揆を根絶しているのである。

一揆を完全に鎮圧したことにより、家康は西三河の安定を取りもどしただけでなく、家臣団の結束力を強化することに成功し、また、反対派を追い出すことにもなった。そして同年六月、家康は東三河における今川氏の拠点である吉田城を奪い、その勢いで田原城も攻め、またたく間に東三河の制圧にも成功している。

のちに、織田信長が石山本願寺と戦っているが、信長も徹底的に一向一揆とは戦う姿勢をとっている。当時、戦国大名の中には、一向一揆と結んだ者も少なくないが、一向一揆と結んだ勢力が早く滅んだり、領国を小さくさせていったのに対し、一向一揆と徹底的に対決した信長および家康が統一の覇者になりえたという点は、この際、注目しておいていい。

内政充実路線への転換

東三河制圧において、直接その任にあったのは酒井忠次であった。家康は、酒井忠次を吉田城主とし、同時に東三河を管掌させる家老としている。忠次の下に、桜井松平忠正・二連木松平康長・福釜松平親次・深溝松平伊忠《これただ》・竹谷松平清宗・御油松平景忠・形原松平家忠など松平一族のほか、鵜殿康定・牧野康成・菅沼定盈らの国衆が付けられた。忠次はそのため「東三河の旗頭」などとよばれている。

それに対し、「西三河の家老」あるいは「西三河の旗頭《はたがしら》」とよばれたのは石川家成である。家成の父清兼は、家康誕生のときの「蟇目《ひきめ》」の役というものをつとめており、清康・広忠に仕えていた老臣で、譜代筆頭ともいうべき家柄であった。もっとも、家成はのち永禄十二年（一五六九）に掛川城に転じているので、旗頭の地位は甥の数正に代わっている。こうして酒井忠次・石川数正の「両家老」の体制ができあがっていった。

仏高力、鬼作左、どちへんなしの天野三兵

ところで、このころの家康の動きとして注目されるのは、「三河三奉行」の設置である。これは別名「岡崎三奉行」ともよばれているが、永禄八年（一五六五）三月、本多重次・高力《こうりき》清長・天野康景の三人を奉行に任命している。残念ながら、この三人

がどのような職掌を担当していたのかはわからないが、民政や訴訟をあつかう常置の奉行が置かれたことは重要と思われる。

当時、人びとは、「仏《ほとけ》高力、鬼作左、どちへんなしの天野三兵《さんぺい》」といって、家康の巧みな人選ぶりをたたえたといわれている。「鬼作左」は本多作左衛門重次であり、「仏高力」はいうまでもなく高力清長のことで、「どちへんなしの天野三兵」は、「何《ど》方偏《ちへん》なし」で、どちらにもかたよらない公平な判断をするということであり、天野三郎兵衛康景のことをいう。

家康はこの三人三者三様のそれぞれの個性をうまく生かして奉行職に抜擢したことになる。

このことから明らかなように、三河一向一揆鎮圧後の家康は、もっぱら内政に目を向けていたことがわかる。「内をかためてから外へ」という路線だったといってしまえばそれまでであるが、どうも、そればかりではなかったようである。というのは、家康が対外侵略という形で、遠江に進出しようにもできない事情が生まれていたからである。

この年、すなわち、永禄八年十一月、信長が養女を武田信玄の子勝頼に嫁がせ、武田氏との同盟に踏み切ったことにより、従来からの「甲相駿三国同盟」で、武田と同盟関係にあった今川氏の領国遠江に駒を進めることができなくなってしまった。内政充実路線へ転換せざるをえない事情があったわけである。

名実ともに三河国の支配者となる

実力によって三河国を支配した家康にとって、つぎは、その支配を公的な形で、つまり、朝廷によって承認させることであった。このあたり、「新しいことをはじめた家康にしてみれば、ずい分古い考えの持ち主だな」という印象をうけるが、そのころの家康の官途《かんと》は蔵人佐《くらんどのすけ》でしかなかった。三河一国の支配者として、それにふさわしい官途受領名がほしいと考えるようになっても不思議でない。

家康は、名実ともに三河の支配者になるため、三河守の受領名がほしかったのである。しかし、勝手に自分が名乗るような受領名ではなく、朝廷から三河守を与えられるためには、松平姓ではだめだった。官位をもらうために血筋が問題とされ、源氏か平氏か藤原氏か橘氏かという、いわゆる源平藤橘の「四姓」のどれかに位置づけなければならなかったのである。

こうして、家康は永禄九年（一五六六）十二月二十九日に松平家康から徳川家康になった。同時に従五位下・三河守に叙任されている。

その後、信玄が「甲相駿三国同盟」を破って今川氏真の駿河に進出したとき、家康と連絡をとって、「大井川を堺に東は信玄、西は家康」という、今川領の分割領有の密約が成立し、信玄は永禄十一年（一五五六）十二月に甲斐から駿河に攻め入り、同時に家康も三河から遠江に攻め入っている。二人の強敵に同時に攻め込まれた氏真は、駿府今川館を捨てて掛川城に走り、そこを家康軍に包囲され、ついに永禄十二年五月、開城して小田原城の北条氏康を頼って逃げていった。戦国の名族今川氏はここに滅亡したのである。

◉二章——

天下盗りへの戦略・戦術

三方ヶ原の戦い　より強い者に学べ！

戦国生き残りの条件

家康は永禄元年（一五五八）の十七歳のときに初陣を大勝利で飾って以来、亡くなる前年の元和元年（一六一五）の大坂夏の陣まで、実に五七年間も戦い続けたことになる。

もっとも、その間、戦いのない年もあるにはあったが、七五年の生涯のほとんどは戦いの中にあったといってもいいすぎではないであろう。

この章では、家康の戦略・戦術を浮き彫りにすることによって、戦国生き残りの条件にせまってみたい。

「戦国最強」の武田騎馬軍団の南進

今川氏を滅ぼし、遠江を自己の領国に組み込むことに成功した家康は、元亀《げんき》元年（一五七〇）六月、それまでの本拠であった岡崎城を信康に譲り、自らは遠江の引馬《ひくま》城を全面的に改修し、名も浜松城と改め、そこを居城としたのである。版図が広がるにつれ、その新領土に新しく城を築き、そこを拠点にさらに版図を広げていくやり方は信長のやり口と同じである。清洲同盟によって、信長が西進政策をとり、家康が東進政策をとっていたことがよくわかる動きを示している。

さて、そのころ、家康の外交政策において一つの大きな方針転換があった。信玄と断ち、越後の上杉謙信と盟約を結んだことで、その結果、信玄との戦いが当面の重大問題として浮上してきたのである。

その当座は、信玄も動くことはできなかったが、元亀二年に小田原城の北条氏康が死に、信玄の娘を娶《めと》っていた氏政が家督を継いだとたん北条氏は親武田派となり、信玄は、それまで相模・武蔵方面にさいていた力を遠江に投入できる態勢ができたのである。

具体的に信玄の軍勢が動き出したのは翌元亀三年（一五七二）十一月のことで、信玄率いる二万五〇〇〇の大軍は駿河から大井川を越えて、遠江の東部になだれこんできた。

見付を経て二俣城へ向かい、二俣城を攻めている。

そのころ、家康の軍勢は八〇〇〇ほどであった。「信玄、浜松城に迫る！」との急報が信長のもとに伝えられたが、そのころ信長も浅井・朝倉氏らと戦っており、兵力をさくことがむずかしく、やっと、平手汎秀《ひらてひろひで》に兵三〇〇〇をつけてよこした程度であった。したがって、徳川軍は、援軍を合わせても一万一〇〇〇にすぎなかったのである。

二万五〇〇〇対一万一〇〇〇では、まともにぶつかっては勝ち目がない。武田軍団は「戦国最強」などとも表現される武田騎馬隊で知られている。家康は、野戦で勝ち目がないとみて、はじめは浜松城に籠城するつもりであった。

籠城している間に信長の援軍が後詰《ごづめ》にきて、浜松城包囲の武田軍を城の内の籠城軍と、後詰の織田軍とで挟み撃ちにできると考えていたのである。

ところが、浜松城を包囲するとみた武田軍は、城下を素通りして、城の西北方にひろがる三方ケ原《みかたがはら》の台地に上がってしまった。これは信玄の作戦で、「籠城した城を落とすのは何日もかかる。おびき出して、野戦にもちこんだ方が勝負は早い」と考え、三方ケ原に家康の軍勢をおびき出す作戦に出たのである。

このとき、家康は三十一歳である。血気にはやる年でもあった。信玄が浜松城を包囲せず三方ケ原にのぼるのをみて、挑発されて飛び出していったと従来からいわれている。

たしかに、大久保彦左衛門が『三河物語』で述べているように、「多勢いにて、我屋敷のせど（背戸）をふみきりて通らんに、内に在ながら出て不《ザル》レ尤《トガメ》者哉あらん、負《マクレ》ばとて出てとか（咎）むべし。其ことく、我国をふみきりて通るに、多勢い成と云て、などか出てとかめざらん哉。兎角合戦をせずしては置まじき。陣は多勢ぶ（不）勢いにはよるへからず。天道次第と仰ければ、各不レ及二是非一とて押寄けり。」といって、いわば意地で討って出たとしている。

確かにそのような面も否定はできないが、別な考え方も成りたつ。たとえば、染谷光広氏のいうように、信長の圧力、すなわち、時間稼ぎのための抵抗に立ちあがらざるをえなかったというのも一理あるといえよう（「武田信玄の西上作戦小考」『日本歴史』三六〇号）。

命を捨てて主君を守った家康の「影武者」

　戦いがあったのは元亀三年（一五七二）十二月二十二日である。信玄の大軍が三方ケ原の台地上に上り、台地をつっきって祝田の坂を下りはじめるころあいをみて、家康は全軍に出撃を命じた。さきにも述べたように、籠城作戦を取ろうとしたところが、信玄の軍勢が城下を素通りしていったのをみて、その追撃を命じたのである。「軍勢は少なくても、坂の上から下に攻めかかれば勝てるかもしれない」と思ったのであろうが、完全に信玄のおびき出し戦法に引っかかってしまったのである。

　家康が三方ケ原に到着したとき、意外なことに信玄の軍勢が待ちかまえていた。先陣は小山田信茂《おやまだのぶしげ》と山県昌景《やまがたまさかげ》、二陣は武田勝頼と馬場信房《ばばのぶふさ》、三陣が信玄、後陣が穴山梅雪《あなやまばいせつ》といった布陣である。

　戦いは午後四時ごろからはじまった。旧暦の十二月といえば、五時ごろには日が沈む。戦いそのものは午後六時ごろまで続いたといわれているので、薄暮から、実質的には夜戦になったとみてよいであろう。

　家康軍は八〇〇〇といわれているが、この八〇〇〇という数は、領内に散らばる支城などに配置してある数も含んでいるので、実際はその半分ぐらいがそのときの三方ケ原に出陣していたとみてよいかと思われる。それに信長からの援軍三〇〇〇をたしても七〇〇〇にしかすぎない。二万五〇〇〇の信玄軍と七〇〇〇の家康軍では相手にならず、こてんぱんにやられることになった。

このとき、家康自身は切り死にを覚悟したという。それを思いとどまらせたのはまわりの家臣たちで、「何とか浜松城にお逃げいただき、再起をはかってもらおう」ということになり、家康に浜松城へ無事に逃げこんでもらうために、家臣たちが次々に家康の身代わりとなって敵中にとどまったといわれている。具体的に今日まで名前が伝わっているのは、夏目吉信をはじめ、家康の鎧ととり代え、身代わりになったという松平忠次、家康の采配《さいはい》を奪い、やはり家康になり代わって敵中に留まって時間かせぎをしたという鈴木久三郎らである。彼らは、いずれも家康の「影武者」として殺されていった。

のちに家康の信条ともいうべき「家臣こそわが宝」といった思いは、このときの三方ケ原の戦いにおける苦い敗戦体験が大きく影響していたと考えることができる。『三河物語』に、三河譜代の家臣を「よくてもあしくても御家の犬」と表現したところがあるが、まさに、犬のように忠義をつらぬいた三河武士の真骨頂がここにみられ

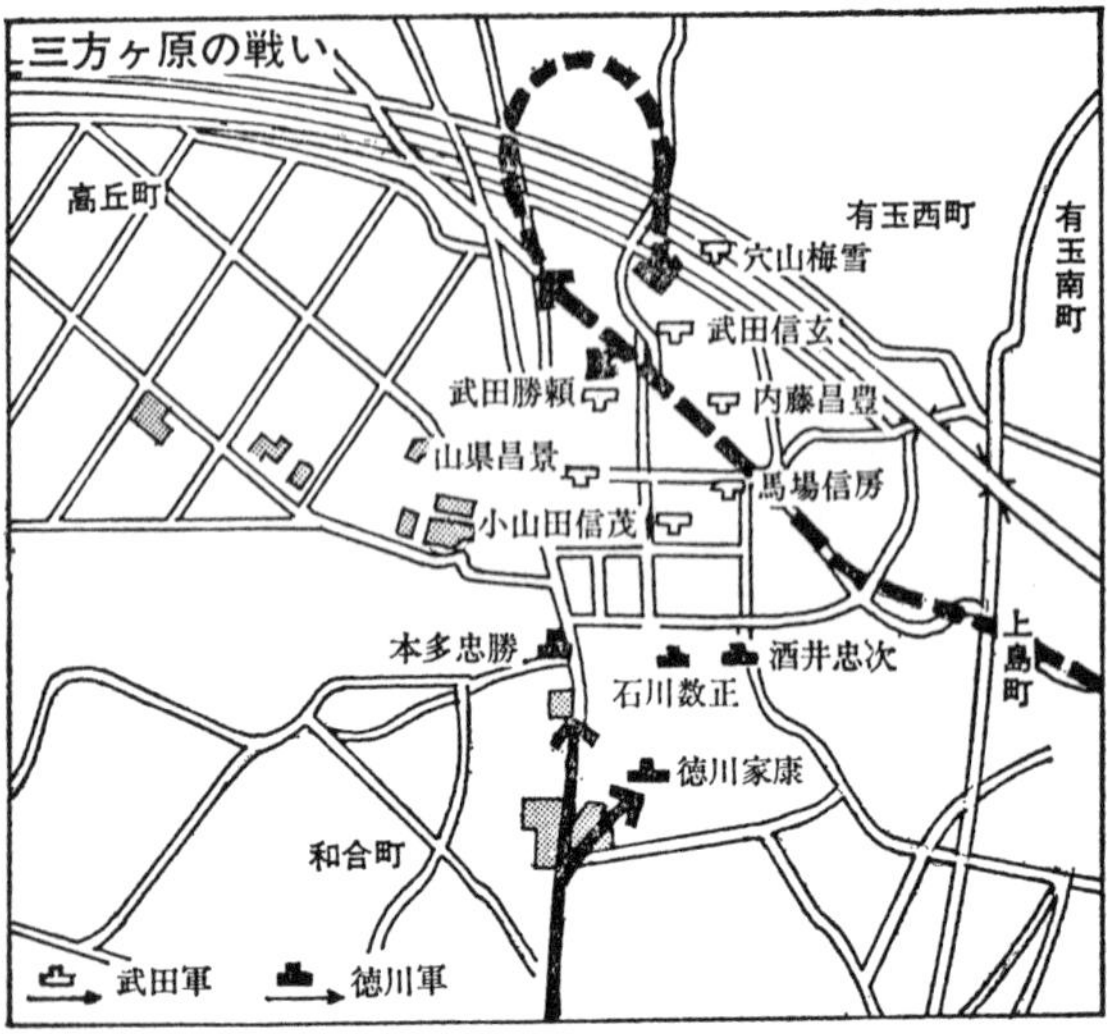

る。

徳川家の正史である『徳川実紀』に、「此度に討たれし三河武者、末が末までも戦はざるは一人もなかるべし。その屍、此方《こなた》に向ひたるはうち伏し、浜松の方に伏したるは仰様《のけざま》なり、」と、信玄の部将馬場信房の言葉を伝えているが、これなどは、敵にうしろをみせて死んだ者は一人もいないということで、三河武士の勇猛ぶりが広く伝えられることになった。

負け戦《いく》さではあったが、三方ケ原の戦いは、家康が三河武士の結束力の強さを再認識するまたとない機会でもあったということになる。

浜松城の奇策「空城の計」

家康は逃げに逃げて、ようやく浜松城にたどりついた。家康軍のあとを信玄軍の山県昌景および馬場信房らの隊が追って浜松城に迫った。もし、そのまま信玄軍が浜松城に襲いかかっていれば、城はひとたまりもなく落とされてしまったであろう。それほど、両軍には勢いの差があった。

ところが、何を思ったか、家康は、門を閉じようとする足軽たちに向って、「門は開けたままにしておけ」といったばかりか、城内の兵に、篝火《かがりび》をたくように命じている。ふつうの常識だと、このような場合、敵の追撃を防ぐために城門を固く閉じ、敵兵を一人たりとも中には入れないよう作戦をたてるが、このときは、それとまったく逆のことをしているのである。

浜松城の堀端まで迫った山県昌景と馬場信房の二人は、城門が開け放たれ、こうこうと篝火がたかれ、また、城中ではさかんに太鼓がうち鳴らされている光景をみて、「これは何かの計略にちがいない」と判断して、そのまま城を攻めることをせず、兵を引いている。

このときの、浜松城においてみせた家康の奇策は、日本の戦史ではあまり例をみない奇抜なものであった。しかし、中国にはちゃんとその先例があり、しかも、「空城《くうじよう》の計《けい》」という軍略の一つになっているのである。

「空城の計」について少し説明を加えておこう。これは、『三国志演義《さんごくしえんぎ》』という本に出てくるが、魏《ぎ》の司馬仲達《しばちゆうたつ》が大軍で攻めてきたとき、蜀《しよく》の軍師諸葛孔明《しよかつこうめい》が、その城門を開き、自ら楼上で琴をひいたという。仲達は、城中に何か計略があるにちがいないと思い、城を攻めるのをやめ、軍を引いたという故事である。

ところで、浜松城内では、信玄の軍勢が浜松城を攻めてこないのをみて、かえって打って出るべきだと主張するグループもあった。それは大久保忠世・天野康景らで、鉄砲隊一〇〇人ばかりをひきつれて、城の近くに布陣している信玄勢に攻めかかった。

浜松城の裏手に、犀《さい》ケ崖《がけ》とよばれる断崖がある。家康軍は自分の城のまわりなので地形などは知悉《ちしつ》していたが、他所者である信玄の軍兵は、そこに一〇数メートルの絶壁があるとはつゆしらず、夜討ちをかけられ、大久保忠世らの鉄砲隊に追われ、かなりの軍兵がその犀ケ崖から落ちて死んでしまい、残った者もあわてふためいて三方ケ原の方へ逃走していったのである。

なお、毎年七月十三、十四日（旧暦、月遅れのところもある）に遠州地方、特に現在の浜松市を中心とした地域で行われる「遠州大念仏《えんしゅうだいねんぶつ》」は、家康が、このときに死んだ信玄の軍勢の霊を慰めるため、僧の貞誉了伝に命じて行わせたのがはじまりといわれている。

身をもって学んだ信玄の戦法

犀ケ崖の絶壁から信玄の軍勢を追い落とすことによって、かろうじて一矢を報いることができたとはいえ、家康軍は完敗である。家康は、はじめて武田軍団の強さをみせつけられる思いだったろう。

戦国武将は、単に兵法書による机上の学問としてでなく、実戦から学ぶことの方が多かった。特に、敗戦の経験は、貴重な生きた学問だったといえよう。

その意味で、元亀三年十二月二十二日の三方ケ原の戦いは、家康にとっていろいろな意味で重要な戦いだった。まず一つは、信玄の巧みな戦法を、じかに学んだということである。ふつうの武将であれば、兵力の差が大きい場合には、相手が城に籠ったとしても、それを力攻めにするのが一般的である。ところが信玄は、あえて浜松城を力攻めにせず、家康の若さも計算に入れ、「絶対に城を出る」とみこんで、家康を三方ヶ原におびき出すことに成功し、おびき出した上でたたいているのである。

前述したように、家康はかろうじて九死に一生を得たわけであるが、この「おびきだし」の戦法を学びとった歴史的意義は大きなものがあったのではないかと考えている。だいぶのちのことになるが、家康はこのとき学びとった戦法を、実際に応用して自分のものにしている。

慶長五年（一六〇〇）九月十五日の関ヶ原の戦いのとき、石田三成ら西軍主力は大《おお》垣《がき》城を本拠にしていた。東軍の大軍が大垣城を囲めば必ず落ちることは目にみえていたが、籠城戦ということになれば、それだけ日がかかり、日がかかれば内応を約束している小早川・吉川らの動きもおぼつかなくなるおそれもあった。

そこで家康は、三成らを関ヶ原におびきだす作戦をとることにした。このとき家康は、「家康は佐和山《さわやま》城を抜き、その勢いで大坂城を攻めるそうだ」という情報をわざと流した。その情報をキャッチした三成らが、それをくいとめるため関ヶ原あたりに出てくることを計算した上での策略である。つまり、関ヶ原の戦いは、三方ヶ原の戦いのコピーだったった。

二つ目は、武田軍団の編成そのものを学んだ点である。のち、家康の片腕といわれた石川数正が秀吉の誘いにのって大坂方に走ったとき、家康軍の編成はすべて秀吉方に筒抜けになってしまった。そこで家康は躊躇《ちゅうちょ》せず、それまでの軍団編成・軍法を廃棄し、かわって、滅亡したばかりの武田軍団の編成方式と軍法を採用しているのである。信玄の軍法をそのままうけつごうとしたことが明らかで、これは、やはり、三方ヶ原の戦いの敗戦ショックが直接の引き金になったものであろう。

三つ目は、このとき、信玄から「余裕」を学んだのではないかと思われる。信玄は『甲陽軍鑑』にもあるように、「七分勝ち」ということをモットーとしていた。完勝すれば心に奢りの気持が生ずる。五分・六分の勝ちでは危ないというものである。それまでの家康の戦いぶりは、たしかに、そうしなければならなかったという側面はあったが、全力疾走という感じであった。ちょうど、マラソンコースを短距離走のように全力疾走できていた。このときの敗戦で、天下盗りのレースは、息の長いマラソンレースだということに気がついたのではなかったか。

四つ目は、情報戦略の遅れに対する反省である。三方ヶ原の戦いのとき、信玄は、家康方の動きばかりでなく、家康の心中まで見透していた。「これからの戦いは、適確な情報が大切だ」と強く感じたものと思われる。

敗残の姿を絵にした家康

名古屋市の徳川美術館に徳川家康の画像がある。家康画像といえば、日光東照宮や熱海のMOA美術館のものなどが知られているが、徳川美術館のは、それらとは全く別人の顔に描かれている。

目はくぼみ、目玉をぎょろつかせたいかにもやつれきった姿で、途方に暮れたような顔をしている。

実は、これは、家康自身が、三方ヶ原の戦いで敗走してきたときの姿を絵師（一説に狩野探幽）に描かせたものだといわれている。

しかめっ面《つら》をしているところから「顰《しかみ》の像」ともよばれているが、家康はこの絵がお気に入りで、自分が慢心しそうになると、いつもこの絵を開けて、敗戦のときの苦い経験を思い出し、自分に対するいましめにしていたという。

大きさは竪四一・九センチ、横二四・七センチでありあまり大きくなく、手もとに置いておくにも手ごろな大きさであった。

顰の像

長篠・設楽原の戦い 最先端技術を導入せよ!

信長との連合による勝利

長篠《ながしの》の戦いをみていく場合、まず浮かんでくるのは、なぜ、信長・家康連合軍が、三河国、しかも、東海道筋からはかなり離れた長篠といった山間部にだいぶ入りこんだところで戦ったのかという疑問である。その疑問を解くためには、合戦前の状況を明らかにしなければならない。

天正元年(一五七三)四月に武田信玄が死んだこと、さらに、有力戦国大名に対し、信長への戦いをけしかけていた「仕掛人」足利義昭が七月に追放されたこと、もう一つ、八月の浅倉義景・浅井長政の滅亡が、長篠の戦いの直接的な引き金になっている。というのは、これらのことから、畿内を中心とした戦いに忙殺されていた信長に、ようやく東の方をみる余裕が生まれてきたからである。

それに対する武田勝頼はどうだったかというと、天正二年（一五七四）五月、勝頼はそれまで家康方であった遠江の高天神《たかてんじん》城を落とすことに成功しているのである。信長の軍勢が畿内に釘づけになっている間とはいえ、父信玄ですら落とすことができなかった高天神城を落としたことは、勝頼の自信につながったことはまちがいない。

勝頼は、高天神城を落とした勢いで、さきに家康方に奪われていた長篠城の奪還をもはかろうとした。その意味では、長篠の戦いは必然的なものだったことになる。

家康は天正三年（一五七五）二月、長篠城を修築して防備を固め、奥平信昌《のぶまさ》を城主として置いた。勝頼が大軍を率いて長篠城を囲んだのはその年の五月十一日のことであった。

畿内が一段落したとはいっても、信長は石山本願寺、毛利、三好、松永氏らと戦っており、畿内から手を引くことは危険な状況にあったことはいうまでもない。しかし、このときの信長は、長篠城が勝頼の大軍によって包囲されたという家康からの連絡、「援軍を送ってほしい」という要請に応えなければならないという追いつめられた事情があったことも事実である。

つまり、それまでにも、家康から何度かの援軍要請があったにもかかわらず、三方ヶ原の戦いのときにはほんの申しわけ程度の軍勢しか送れず、そのため家康は大敗を喫しているし、高天神城の攻防戦のときにも信長は援軍を送ることができなかったのである。今度、もし家康からの援軍要請に応えられないということにでもなれば、同盟者家康との信頼関係が絶ち切られる恐れがあった。

信長の胸中には、さらにそれだけでなく、東方が撹乱されれば、信長自身、天下統一がおぼつかなくなると判断したのであろう。三河国長篠というところの局地戦であるとはいえ、局地戦でつまづけば、本願寺・毛利氏など、反信長の戦国大名がかさにかかって信長つぶしに動きだすという読みもあったはずである。そこで信長は、自ら、織田軍の主力を率いて、長篠城の後詰《ごづめ》に向ったのである。

「勝頼には大将の器量がない！」

長篠城を守る奥平信昌ら五〇〇の兵は、勝頼の包囲にあい、城中の兵糧も乏しくなった。このとき、信昌の家臣鳥居強右衛門勝商《とりいすねえもんかつあき》が、単身敵中を突破して急を岡崎城の家康に伝えている。ところが、帰路は包囲中の武田軍につかまってしまい、「後詰の兵はこない」と嘘をいえば命を許そうといわれたが、城兵たちに向って、「まもなく

鳥居強右衛門磔の図
（東京大学史料編纂所蔵）

後詰の兵がくる」と本当のことをいったため、磔にかけられて殺されてしまっている。

あとで鳥居強右衛門の最期を知った家康は、「勝頼には大将の器量がない。その場合、鳥居のような忠義の士は敵であっても命を助けるべきで、それが味方の士に忠義を教えることにもなる。勝頼の運がつきるときは、譜代の士も敵となるときだろう」といったという。事実、天正十年（一五八二）の武田氏の滅亡のときは、そのときの家康の予言通りになった。

鳶ノ巣山の奇襲

さて、信長と家康は五月十五日に岡崎城で作戦会議を開き、十八日に長篠城の近く、設楽《したら》ヶ原《はら》に着陣した。夜になって、連子川に沿って柵を作っている。

それに対し、勝頼の方は十九日に作戦会議を開き、その夜から長篠城の囲みを解き、二〇〇〇を長篠城の押さえとして残し、二〇〇〇を鳶《とび》ノ巣《す》砦に置き、残る一万三〇〇〇〇を勝頼自身が率いて設楽ヶ原に進んだ。ただ、この計算だと、勝頼の軍勢は一万七〇〇〇になってしまい、多すぎる感じをうける。武田軍はこのとき六〇〇〇ぐらいではなかったかと考えられる。

これに対し、信長・家康連合軍の方であるが、通説では信長軍三万、家康軍八〇〇〇としているが、これも実際は合わせて一万七〇〇〇ぐらいとみられている。信長は二十日の夜になって家康の部将酒井忠次をよび、金森長近率いる鉄砲隊五〇〇を含め、四〇〇〇の兵を預けて鳶ノ巣山の武田方の砦を襲撃するよう命じている。では鳶ノ巣砦奇襲のねらいは何だったのだろうか。考えられる理由は三つほどある。一つは、武田方の後方を撹乱して士気をくじくことにあった。二つ目は、武田方の退路を遮断して勝頼の軍勢に与える損害を多くするねらいがあった。三つ目は、むしろ先制攻撃ともいうもので、武田軍が豊川を南下し、馬防柵を設けて布陣している信長・家康軍の背後を襲ってくる危険性を考え、あらかじめ危険な芽はつんでおこうという計画によるものであった。

後世、家康方では、この酒井忠次による鳶ノ巣山砦の奇襲が長篠の戦いの勝利をもたらしたと評価しているが、どちらかといえばそれはやや過大評価気味で、やはり、

長篠の戦い対陣図

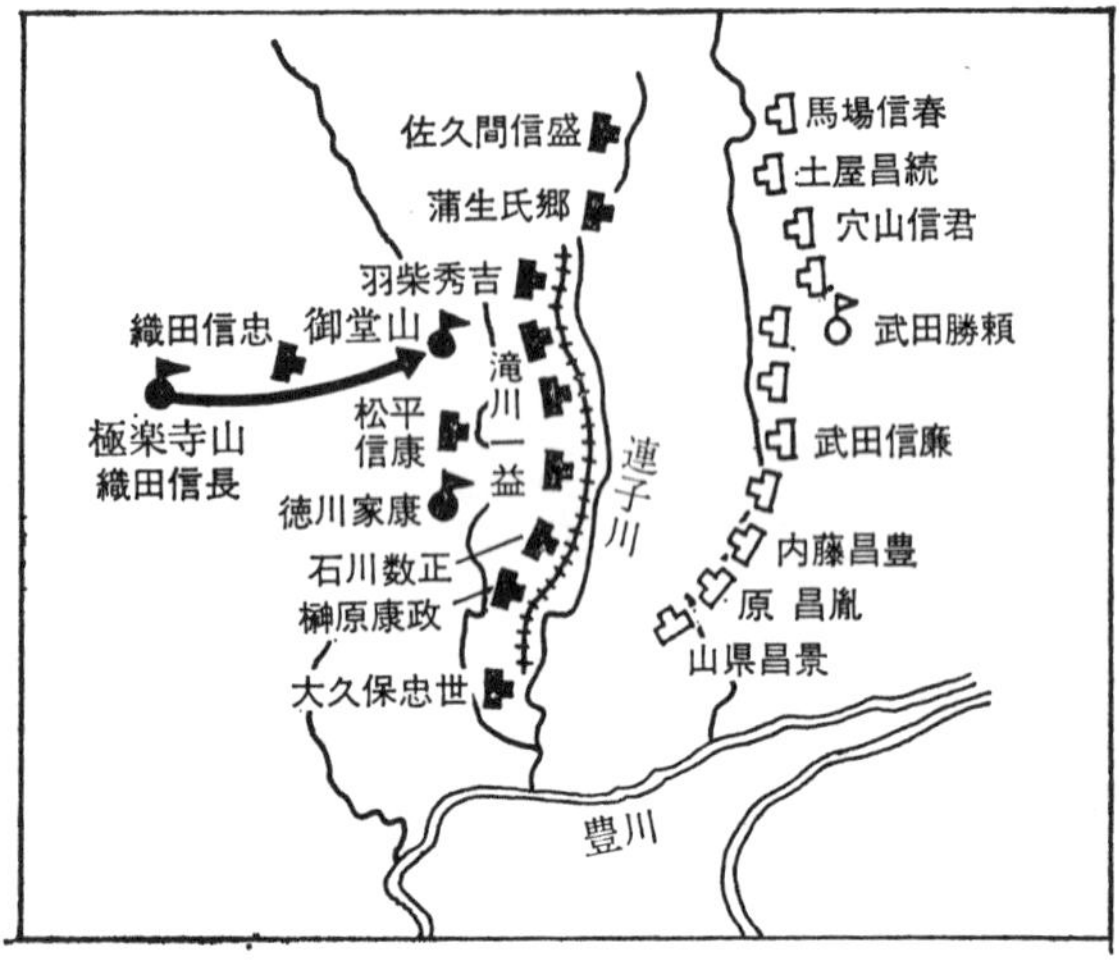

基本は、信長の三〇〇〇挺といわれる鉄砲隊の勝利というべきであろう。

鉄砲隊の威力

長篠の戦いといえば、すぐ「鉄砲」という言葉がはねかえってくるほど、信長が大量の鉄砲を用いて「戦国最強」とまでいわれた武田騎馬隊に勝利したことは広く人口に膾炙《かいしゃ》している事実である。

しかし、そのことが過大評価されていく中で、「鉄砲が実戦に用いられたのは長篠の戦いが初めてである」といった式の誤解も少なからずみうけられるところである。もちろん、鉄砲そのものは、天文十二年（一五四三）に種子島に伝来して以来、まったく間に実戦に使われるようになり、たとえば、伝来から七年しかたっていない天文十八年（一五四九）には、薩摩の島津貴久《たかひさ》が加治木《かじき》城を攻めるのに鉄砲を用いている徴証がある。これが、現在のところ、文献の上で、鉄砲の実戦使用の嚆矢《こうし》ということになる。

長篠の戦いにおける信長の鉄砲隊が喧伝されるようになったのは、いうまでもなく、三〇〇〇挺という数の多さと、「三段撃ち」とか「三段式装填法」とかよばれている合理的射撃法の創始と、馬防柵の設置の三つの新しい要素をもっていたからである。

一人の大名が一つの戦いに動員した数としては、たしかに三〇〇〇挺というのはレコードである。

それまでの記録をみると、せいぜい鉄砲は三〇〇挺どまりであり、三〇〇〇挺という数はまさに群を抜いている。

もっとも、果たして本当に三〇〇〇挺だったかといえば、そこにまったく問題がないわけではない。というのは、三〇〇〇挺の鉄砲を用意していたことを記す確かな文献は『信長公記』であるが、もともとの原稿には「千挺」と記されていたところ、のちに誰かが「三」という数字を加筆したのではないかという指摘もある。つまり、数だけでみれば、信長の鉄砲隊が画期的だったということにはならない。むしろ、重要なのは、第二、第三の理由と思われる。

家康にもショックを与えた新戦法

当時の鉄砲は、人体にあたって、相手を殺すことができる射程跡離は約一〇〇メートルといわれている。ところが、そのころの鉄砲は、弾薬の装填に三〇秒ぐらいを要していたのである。

また、一方、馬の速さというものを考えてみると、起伏をも考慮にいれたりしても、一〇〇メートルを一〇秒ぐらいでは走れる速さをもっていた。

つまり、当時の常識では、一挺の鉄砲で相手を撃っても、必らず当たるとは限らず、もし撃ち損じた場合、次の弾を発射するまでの間に騎馬武者に攻め込まれるという状態であった。

長篠の戦いのときも、相手の勝頼は、信長が大量の鉄砲を用意してきていることは承知していたはずであるし、馬防柵が構築されていたことも十分知っていたはずである。にもかかわらず、当時の鉄砲使用の常識から、騎馬隊の突入によって鉄砲隊を蹴散らすことができると踏んでいた。そこに勝頼の誤算があったのである。

弾薬の装填の時間を短縮する工夫、それが「三段式装填法」などとよばれるものであった。ふつういわれているのは、鉄砲三〇〇〇挺を三段、すなわち、一〇〇〇挺ずつ三列にならべ、前列がいつでも撃てる態勢、中列が火薬を入れ、弾を込め、後列が、撃ったばかりの筒を掃除したりしているというようになり、前列の一〇〇〇挺は命令一下、いつでも火をふくことができる状態になっていたという。従来、一発目を撃ってから、筒を掃除し、火薬を入れ、弾を込めるのに三〇秒ほどかかり、二発目を撃つまでの間があいてしまうという欠陥を克服し、間断なく弾が飛び出すように工夫した方法だったということである。

原理としてはその通りであろうが、実際の場面を描いてみると、一〇〇〇挺もの鉄砲が一列になり、同時に火をふくという光景はどう考えても不自然である。むしろ、前列・中列・後列の三人が一グループとなり、ぐるぐるまわっていたというのが真相だったように思える。

それにしても、このときの信長の鉄砲戦略をみて、家康は、いま風にいえば、カルチャー・ショックをうけたものと思われる。それまでの家康自身の戦いぶりをみていると、鉄砲を重視していたようなふしはみあたらない。このショックが引き金になって、最先端技術の導入にも意欲をみせるようになった。

のち、家康は、鉱山技術・造船技術などの分野において、最先端技術の導入をはかっているが、その萌芽が、この長篠の戦いのカルチャー・ショックにあったことは注目しておいてよいであろう。

小牧・長久手の戦い　英雄は英雄を知る！

「山崎の戦い」後の秀吉の躍進

本能寺の変後、山崎の戦いで、秀吉が明智光秀を討ったことにより、秀吉株は上昇し、家康の立場は微妙なものになった。家康は清洲会議にも招かれてはいないので、信長の後継者選びに関しては全くのノータッチであったが、気持としては、信雄《のぶかつ》を擁立するのが筋だと考えていたようである。長男信忠が死んでしまった以上、順序としては二男の信雄が当然、家督を継ぐものと意識していたふしがみられる。

『家忠日記』によると、天正十一年（一五八三）正月十八日に、尾張の星崎《ほしざき》まで出向いていって、信雄と会見していることなどはその裏づけになるものと考えられる。もっとも、この日の会見でどのようなことが話しあわれたのかという記録はなく、家康がどの程度、信雄を盛りたてようとしていたのかは不明である。

その少しあとに、賤ヶ岳《しずがたけ》の戦いが勃発した。周知のように、この戦いは柴田勝家と秀吉との戦いである。このとき、勝家の側から家康に対し援助の要請があったが、家康はその要請を断っている。勝家と秀吉とを比較した場合、秀吉の方が数段上とみたのであろう。勝家が勝つみこみはほとんどないと家康は判断したように思われる。まさに、「英雄は英雄を知る」という諺を思わせる。

家康は四月二十二日付で秀吉に書状を送り、賤ヶ岳における戦況を慰問しているが、それればかりか、秀吉の戦勝後、五月二十一日には、石川数正を秀吉のもとに使者として遣わし、戦勝を祝うとともに、すでに当時、名物茶器として知られていた「初花《はつはな》の肩衝《かたつき》」を秀吉に贈っている。

これらの動きをみると、少なくともその時点までは、家康は秀吉との友好関係を保っていたことになる。しかし、その友好関係はあくまで表面上のことであった。信長の三男信孝がその少し前に秀吉によって切腹に追いこまれており、次第に、秀吉による織田政権簒奪《さんだつ》のもくろみが顕著になってくるにつれ、いつまでも友好関係が保たれることはありえなかった。

秀吉を包囲する態勢――「遠交近攻策」

家康が、秀吉との戦いを決意するに至ったのは、年が改まった天正十二年（一五八四）三月のことであった。具体的にみると、三月六日、信雄が、秀吉に内通していた三人の老臣、すなわち、伊勢松ヶ島城主の津田雄春《つだかつはる》、尾張星崎城主の岡田重孝《しげたか》、尾張苅安賀《かりやすが》城主の浅井田宮丸《たみやまる》の三人を弑し、それらの城攻めを行っている。そして、このときの城攻めに、家康の軍勢が加わっていたのである。

つまり、これら一連の軍事行動は、信雄単独で行われたものではなく、家康との合意の上で、共同行動として取り組まれたことが明らかになり、家康が明確に秀吉と敵対したことを示す意思表示でもあった。

ところで、家康が信雄の動きに加担したということから、「信雄がリーダーシップをとり、家康はそれに追随した」ととらえるむきもあるが、事実はそうではない。むしろ、秀吉との対立は、信雄の働きかけではなく、家康が作り出したととらえるのが正しい見方であろう。

つまり、家康と信雄の連合は、家康が、秀吉から疎外されている信雄の不満を利用し、強大化した秀吉をチェックするとともに、自己の存在をアピールしようとしたところにあったとみることができよう。

もちろん、家康が秀吉と対決したといっても、家康は秀吉に勝ち、秀吉に代わって天下統一を推進したいと考えたわけではない。家康の真のねらいは、自己の実力を秀吉に認識させることであった。

信雄との連合だけでは戦いになりそうもないと考えた家康は、遠く四国の長宗我部元親《ちょうそかべもとちか》や、紀州の根来《ねごろ》、雑賀《さいか》の僧兵などと結び、秀吉包囲の態勢を作りあげようとしていた。遠く離れた者同士が手を握り、間に挟まれた敵を攻める、いわゆる「遠交近攻策《えんこうきんこうさく》」をとっている。

横綱相撲

三月十三日、家康は兵を率いて尾張に進み、清洲城で信雄の軍と合流し、そこで軍議を練った。その軍議の場では、美濃の池田恒興《つねおき》を味方にする心づもりであったようである。ところが、案に相違して恒興が秀吉方についてしまい、しかも、信雄・家康方の犬山城を攻め落とした。家康は十五日、小牧山城に進み、堀を深くするなどの修復を施した上で本陣とした。

そののち、秀吉方の森長可《ながよし》が功を焦って尾張の羽黒に陣を進めてきた。家康の先鋒酒井忠次・奥平信昌らがこれを迎え撃っている。「羽黒の陣」とよばれている戦いであるが、森長可隊は三〇〇余の犠牲者を出し、長可はほうほうの態で犬山城に逃げこんでいる。

そのころまで、秀吉の本隊が到着しなかったのは、家康の「遠交近攻策」が功を奏したからである。秀吉は紀州の根来・雑賀一揆の鎮圧に手まどり、まだ大坂にいた。ところが、羽黒での敗戦の報を耳にするや否や、急遽、尾張へ出馬することになり、大軍を率いて犬山城に入った。

さらに秀吉は陣を楽田《がくでん》に移している。家康の本陣小牧山とは二〇町（約二・二キロ）ほどしか離れておらず、一触即発の戦況であった。このとき、秀吉陣営は一〇万の大軍を擁していたといわれている。それに対し、信雄・家康軍はせいぜい一万六〇〇〇から七〇〇〇ぐらいであった。軍勢の数からいえば、信雄・家康側はまったく劣勢であったが、秀吉としては大軍を擁しているとはいうものの、うかつに手が出せない状態で、まさに、東西の横綱ががっぷり四つに組んで動かないまま日だけがすぎていった。ふつう、ここまでを、小牧の戦いとよんでいる。

五倍の兵力を翻弄させた徳川軍

小牧山・楽田にそれぞれ本陣を置いて、にらみあったままの家康・秀吉であるが、やはり、はじめに焦りの色をみせはじめたのは秀吉の方であった。何せ、五倍以上の軍勢をもっていたわけであるので、信雄・家康軍をひねりつぶせないという焦りの気持が次第に高くなってきたのは当然といえば当然であった。

とりわけ、焦っていたのは、さきに去る三月十七日の羽黒の陣で手痛い敗北を喫していた森長可と、池田恒興・元助《もとすけ》父子であった。彼らは、「家康を小牧山に釘づけにしている間に別働隊を出し、三河を攻めたらどうか」と相談し、その作戦を秀吉に提案している。

秀吉は、「相手が家康なので、そう簡単に行くものではない」と一度は反対したが、甥の秀次までが「是非私を大将にしてほしい」といいだしたりしたため、その意見に従うことにしたという。

作戦そのものはたしかにおもしろいものをもっていた。しかし、家康側では、その情報を事前にキャッチしており、本隊がそのまま小牧山にとどまっているとみせかけ、ひそかに大軍を三河の長久手《ながくて》方面に送りこみ、そこで待ち伏せをさせたのである。

待ち伏せされているなどとは夢にも思わない秀次軍は、ひそかに三河に入った。ところが四月九日、家康の待ち伏せ軍と遭遇戦となりかえって挟み撃ちされる形となり、大将秀次はほうほうの態で逃げ帰り、池田恒興・元助父子、森長可といった秀吉方の錚々たる武将は討ち死にしてしまうという思いがけない結果を招いてしまったのである。秀吉は、家康に翻弄《ほんろう》された。

この戦いを、主な合戦があった場所の名をとって、長久手の戦いとよんでいる。

講和への動き

家康の側が、どこまで本気で秀吉と戦おうとしていたのかはわからないが、少なくとも秀吉は、徹底的に家康および信雄を滅ぼそうとまでは考えていなかったようである。「軍勢は少ないが、討ち滅ぼすのは容易でない」と考えるに至り、兵を撤退させている。

よくいわれることであるが、局地戦（バトル）では家康が勝ち、戦争（ウォー）では秀吉が勝ったということになろう。家康のねらったこと、すなわち、秀吉と互角にわたりあうことによって、家康の存在を秀吉に強烈に印象づけるという目的は達せられたわけである。秀吉は信雄に働きかけて講和にもちこむことに成功しているが、信

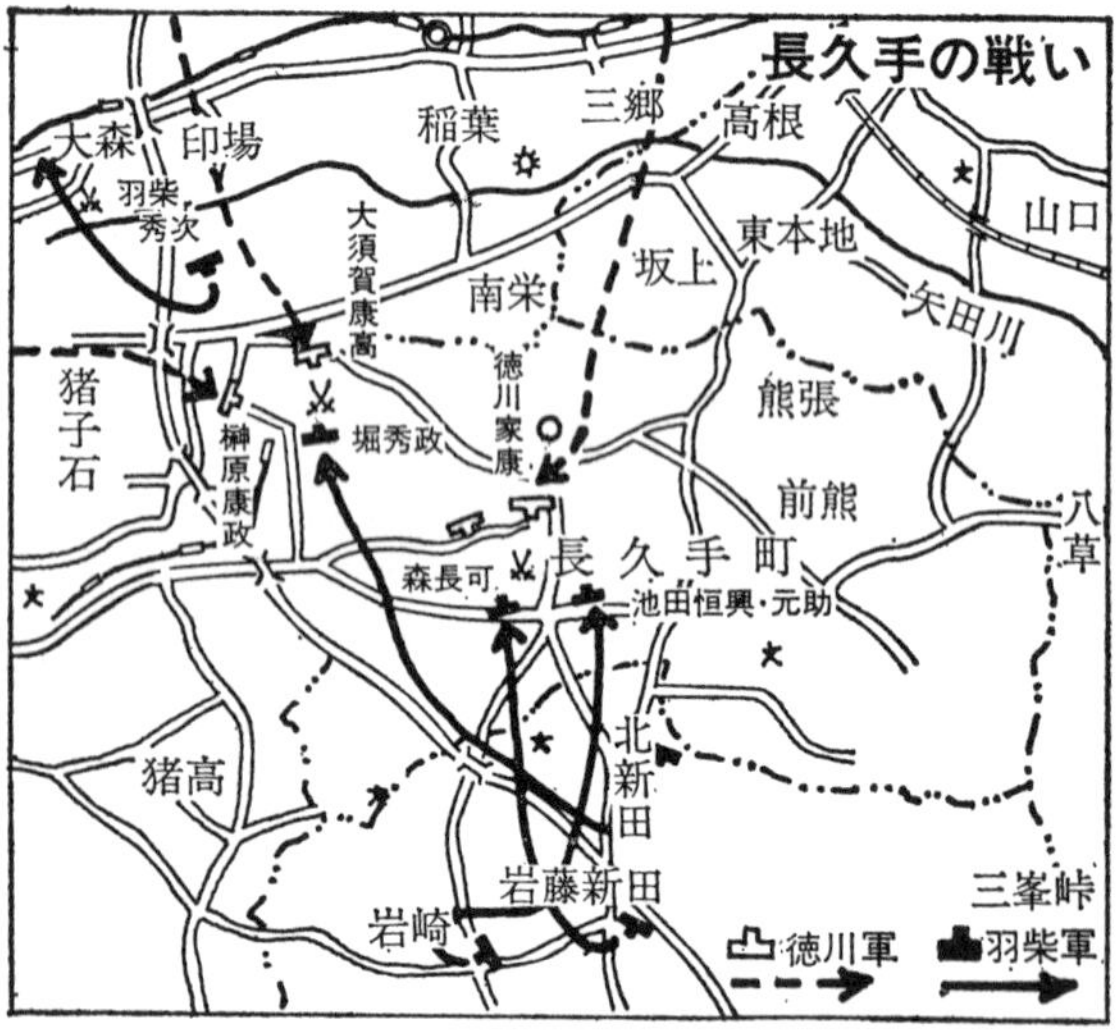

雄が秀吉と講和してしまった以上、家康には戦う名目がなくなっていた。

秀吉は、すぐさま家康との講和を求め、家康もその要請をうけ、その年の十二月十二日第二子於義丸《おぎまる》を養子という形で秀吉に差し出し、講和が結ばれたのである。この於義丸はのちの羽柴秀康（はしばひでやす）、すなわち結城《ゆうき》秀康のことで、名前は養子だが、実質は人質とみてよいであろう。

この小牧・長久手の戦いのあと、家康は一貫して親秀吉的行動をとるようになる。この変わり身の早さは、家康の一つの特技とみてよいのではなかろうか。

家康を支えた一〇人

「徳川十六将図」とか「徳川二十将図」といった図が伝わっている。十六将図の場合には、家康を中心にして、右側に八人、左側に八人、二十将図の場合には、右側に十人、左側に十人の家臣を描いている。

これら十六将図なり、二十将図に描かれた部将は、いわば、徳川家臣団の「ベスト一六」であり、「ベスト二〇」ということになるわけであるが、何を基準にして選定されたのかという選定理由が必ずしも明らかではない。たとえば、石川数正であるが、彼の名はどの図幅にもみえない。小牧・長久手の戦い後、家康のもとを離れ、大坂城の秀吉のもとに走っているからである。後世の徳川家からすれば、「敵方に走った数正など、十六人、あるいは二十人の中に含めるわけにはいかない」といったところであろうが、三河時代の家康にとってみればなくてはならない部将だったはずである。

ここでは、流布している十六将とか二十将とかいう観点ではなく、本当に家康を支えた一〇人とは誰々だったのかを明らかにしたい。

まず、何といってもあげられるのは「徳川四天王」とよばれた四人、すなわち、酒井忠次・榊原康政・本多忠勝・井伊直政である。ただ、「徳川四天王」とよばれるようになったのがいつのことか、家康時代にそのようによばれていた徴証があるのかについては何ともいえず、しかも、本当ならば、酒井忠次と並ぶはずの石川数正が除外されていることからすれば、「徳川四天王」という呼称自体、かなり後世につけられたとの印象をもつ。

　酒井忠次は、家康の三河時代、すでに東三河を統轄する家老であり、譜代筆頭の老臣といってていい。あとの三人、本多忠勝・榊原康政・井伊直政は、いずれも家康直属の旗本《はたもと》で、旗本先《さき》手役《てやく》として、家康の主要な戦いにおいて大活躍をした部将である。直政だけが遠江の出身で、いわゆる「四天王」の内、三人は三河出身である。

　この四人に、天正十二年（一五八四）までであるが、石川数正を加えて、五人までがリスト・アップされる。

　さて、残る五人であるが、正直なところの選定はむずかしい。一般的にいえば、鳥居元忠・大久保忠世・本多正信・平岩親吉《ひらいわちかよし》・本多正純《まさずみ》の五人が入るということになるだろうが、大久保忠隣《ただちか》も落とせないし、石川数正出奔後岡崎城代の地位についた本多作左衛門重次あたりも入れたいところである。

徳川十六将図　致道博物館蔵

◇関ヶ原の戦い　力ある者が天下を盗る！

秀吉の遺言

秀吉が死んだのは慶長三年（一五九八）八月十八日であるが、家康とのかかわりでいえば、その少し前の動きからみておかなければならない。一つは、秀吉が死を前にして、後事を家康に托していることである。松田毅一・川崎桃太訳『フロイス日本史』2所収の付録「フランシスコ・パシオ師の『太閤秀吉の臨終』についての報告」によると、七月四日（太陽暦で八月五日）、秀吉は病床に主だった大名たちを集め、特に家康を枕もとによび、

「予は死んでゆくが、しょせん死は避けられぬことゆえ、これを辛いとは思わぬ。ただ少なからず憂慮されるのは、（まだ）王国を統治できない幼い息子を残してゆくことだ。そこで長らく思い巡らした挙句、息子自らが王国（を支配する）にふさ

わしくなるまでの間、誰かに国政を委ねて安全を期することにした。その任に当る者は権勢ともにもっとも抜群の者であらねばならぬが、予は貴殿を差し置いて他にいかなる適任者ありとは思われぬ。それゆえ、予は息子とともに、日本全土の統治を今や貴殿の掌中に委ねることにするが、貴殿は、予の息子が統治の任に堪える年齢に達したならば、かならずややその政権を息子に返してくれるものと期待している」と述べている。ここで「息子」とあるのは秀頼、「貴殿」とあるのは家康をさしていることはいうまでもない。それに対し、家康は、

「殿様。拙者は殿の先君（織田）信長（様）が亡くなられた頃には三河の一国しか領しておりませんでした。しかるに殿が日本国を統治し始められて以後、さらに三ヵ国を加えられ、その後久しからずして、殿の無上の恩恵と厚遇によってその四ヵ国は、現在のように関東八ヵ国の所領に替えていただきました。拙者に対する恩恵は以上に留まらず、絶えずはなはだ多大の贈物を賜わりました。殿は今後、拙者が生命を抛《なげう》っても御子息に対してあらゆる恭順奉公を尽すようにと拙者ならびに拙者の子孫を解き難い絆《きずな》で固く結ぼうとなさいます。（中略）今後は万難を排し、あらゆる障害を取り除き、もって殿の御要望なり御命令を達成いたすでありましょ

う」と答えている。

従来、この秀吉と家康のやりとりは、日本側の文献に出てきていないことから知られていなかったが、宣教師の書簡によって明らかになってきた。このやりとりは、その後の家康の動きをみていく場合、無視することはできない。

　そしてもう一つの動きは、七月十五日、大坂城と伏見城に集められた諸大名が、秀吉から十一ヵ条の「覚」を示されたことである。この「覚」は、正式には「太閤様被㆑成㆓御煩㆒候内に被㆑為㆓仰置㆒候覚」と題するもので、第一条が家康、第二条が利家、第三条が徳川秀忠、第四条が前田利長、第五条が宇喜多秀家、第六条が上杉景勝と毛利輝元、第七条と第八条は五大老全員、第九条から第十一条までは前田玄以《げんい》と長束正《なつかまさ》家《いえ》に与えた遺言の形式をとっている。

　ここで注目されるのは、宇喜多秀家・上杉景勝・毛利輝元をさしおいて、秀忠が第三条目に出てきていることである。秀吉自身、もうこのころには、家康・秀忠父子の抜きがたい力を相当に意識していたことがうかがわれるのである。

石田三成との対立

秀吉が死後のことを考えて五奉行として石田三成・長束正家・増田長盛《ましたながもり》・浅野長政・前田玄以の五人を任命したのは、死の一ヵ月ほど前のことであった。もちろん、制度としてはこのときであるが、実質的に、このメンバーによって豊臣政権の実務は遂行されてきていたので、死後、その体制が制度として名実そなわったものとなることが要求されていたわけである。

五奉行の中で、家康が最も警戒していたのは「五奉行一の実力者」などといわれた三成である。三成も、「豊臣政権を簒奪する恐れのあるのは家康だ」とみており、遅かれ早かれ、二人が対立するであろうことは誰の目にも明らかであった。

家康は家康で、秀吉から委任されたという意識があり、三成は、家康一人が突出することに反対し、五大老・五奉行による合議政治を展開しようとしていたのである。この二つの路線上のちがいは歩み寄りの余地が全くなく、五大老の一人毛利輝元が三成らと盟約を結んで家康と対立するようになり、早くも五大老・五奉行の中に亀裂が生じている。

翌慶長四年（一五九九）正月を迎えて、家康と三成との対立は決定的となった。家康を除く四大老と五奉行が、はじめて家康に対し、「秀吉の遺命に背いた」として詰《きつ》問《もん》してきたからである。その趣旨は、「秀吉が諸大名同士勝手に婚姻を結んではならないという命令を下していたにもかかわらず、家康が六男忠輝と伊達政宗の娘を結婚させたのはけしからん」というものであった。

事実、文禄四年（一五九五）、秀吉が、大名の婚姻を許可制にしており、明らかに違反していた。そのころ家康は、自己の陣営の勢力拡大をはかるため、この忠輝の例をはじめ、甥松平康成の娘を自分の養女として福島正則の子正之に嫁がせたり、外曽孫小笠原秀政の娘を自分の養女として蜂須賀《はちすか》家政の子至鎮《よししげ》に嫁入らせることを約束していたのである。

こうした一連の動きを前田利家も見すごすことができず、三成らとともに家康糾弾の側にまわることになった。ここにおいて、家康は、五奉行だけでなく、自分以外の四人の大老とも次第に対立の度を深めていったことがうかがわれる。

ちょうどそのころ、秀頼が伏見城から大坂城に移り、利家が後見人としてそれに従い、家康はそのまま伏見に残ったので、政治の核が大坂と伏見の二つに分かれ、「二頭政治」とでも表現すべき事態になっていったのである。

しかし、家康と五奉行、とりわけ三成との対立が、それ以上進展しなかったのは、利家が間に立っていたからである。一触即発の危険な状況が続きながらも、利家がいるうちは、三成にしても、家康にしてもうかつな動きはできなかった。

ところが、閏三月三日、利家が没してしまったのである。利家の死により、それまでかろうじて保たれていた小康状態は崩れ、両者の全面対決へと動いていくのである。もっとも、その動き方は、やや意外な方向に進んでいった。

というのは、利家が死んだその夜、三成と対立していた加藤清正・黒田長政・浅野幸長・福島正則・池田輝政・細川忠興・加藤嘉明のいわゆる七将が、三成暗殺を企て、三成の屋敷を襲撃しているのである。三成の後楯になっていた利家の死を契機に、七将が実力行使に出たことになる。

三成はかろうじて脱出し、家康に助けを求めてきた。家康としては、そのまま三成を殺すことはたやすいが、「ここで三成を殺しても、豊臣家の力を弱くすることにはならない」と判断し、これを助けている。しかし、助けることは助けるが、三成の本拠である佐和山城に蟄居させることに成功しているのである。関ヶ原への布石は着々と打たれていった。

誘い水としての会津征伐

家康による豊臣政権簒奪《さんだつ》のタイム・テーブルが、いつごろ、どのようにして組み立てられていったのかはよくわからない。ただ、三成を佐和山城に押し込めたままでは、その目的を達成することがむずかしいと判断していたであろうことは想像される。三成打倒のための絶好の機会というか御膳《おぜん》だてが会津の上杉景勝によって整えられたのである。

ところで、関ヶ原の戦いの直接的引き金となった会津征伐については、相異なる二つの考え方がある。一つは、三成と、上杉景勝の重臣直江兼続《なおえかねつぐ》との間に密約があったとする解釈である。つまり、家康の大軍が会津に向った留守に三成が畿内で豊臣秀頼を擁して挙兵する手だてになっていたというものである。いわゆる「直江状」の存在によって、江戸時代以来、そのように考える人が多い。

ところが、それに対し、もう一つの考え方は、むしろ、主導権を握っていたのは家康の方であったという解釈で、会津征伐は、三成に挙兵させるための誘い水だったというとらえ方をする。前後の状況などを総合的にみれば、この考え方があたっているように思われる。

家康が会津征伐を決意するに至った理由はいくつかあるが、要は、五大老の一人であるにもかかわらず、領国会津に閉じこもったままで、しかも、城を修築し、軍備を整え、秀頼に対し不穏な動きがあるというものであった。

景勝にしてみれば、この論法は不当ないいがかりに等しかった。とにかく、景勝は越後から会津に転封されたばかりで、上洛して政務をとることより、まず自分の国の仕置に力をいれなければならなかったからである。

家康の本当のねらいは、五大老の一人としての景勝の力を弱めることにあった。しかし、そのようなことはおくびにも出さず、秀頼に謀反の恐れがある景勝を討つということで、他の豊臣大名たちの協力も得ていたのである。

秀頼から黄金および米を与えられたことにより、このたびの会津征伐は、家康対景勝の私戦ではなく、秀頼の命をうけた戦いであるという名分が与えられたことになり、六月八日、伏見城を出発して七月二日には江戸城に入り、さらに同月二十一日、江戸城を出発して会津征伐に向った。

下野の小山《おやま》まで進んだところで、三成挙兵の報が入った。家康は、会津征伐に従軍している福島正則ら豊臣大名と軍評定《いくさひょうじょう》を開き、その評定の席上、「豊臣家のためにならない三成を討とう」ということに決まった。こうして、会津征伐に向っていた家康率いる軍勢は、途中で引き返すことになったのである。

慶長五年九月十五日

こうして、いよいよ東軍家康と西軍三成が美濃の関ヶ原で衝突することになったわけであるが、はじめ、東軍が七万四〇〇〇に対し、西軍は八万二〇〇〇といわれ、わずかではあるが西軍の方が数の方で優位にたっていた。しかも、あらかじめ関ヶ原に布陣していたのは西軍であり、東軍はそこに突っこむ形となった。

戦いがはじまったのは慶長五年（一六〇〇）九月十五日の午前八時ごろであった。ようやく霧が晴れ出したころ、東軍の最前線に布陣していた福島正則隊の横をすりぬけて第一線に出た井伊直政・松平忠吉《ただよし》隊が、西軍の宇喜多秀家隊めざして鉄砲を撃ちかけた。これが開戦の合図となったのである。

福島隊は宇喜多隊とわたりあい、石田三成の陣には黒田長政・細川忠興・加藤嘉明らが攻めかかった。はじめ桃配山《ももくばりやま》に本陣を置いていた家康も関ヶ原中央部に進み、そこを本陣とした。のちに陣馬野《じんばの》という地名がつけられたところである。

午前十一時ごろ、東軍の猛攻によって、石田隊・宇喜多隊が危なくなってきた。そこで、三成は合図の狼火《のろし》をあげさせた。狼火があがり次第、関ヶ原の南、松尾《まつお》山に陣取っている一万五〇〇〇の小早川秀秋隊が東軍に攻めかかるという手はずになっていたからである。

ところが、三成の期待もむなしく、なかなか小早川の軍勢は松尾山を降りようとはしなかった。事前に、秀秋に対して家康側からも誘いかけがあり、秀秋自身、その去就に最後の最後まで迷っていたからである。

正午をまわったころ、家康も焦りはじめた。戦闘が開始されて以来、すでに四時間が経過し、東軍の将兵も疲れ切っており、そのままでは決定的な場面展開がないまま、ずるずると時間のみがすぎていく状況だった。そこで、家康は、小早川秀秋隊に向けて鉄砲を撃つよう命じた。去就を決しかねている秀秋に、最後の決断をせまる脅しの鉄砲であった。

鉄砲の脅しは効果がすぐあらわれた。秀秋率いる一万五〇〇〇の、それまで満を持し、まったく戦いに加わっていなかった新手《あらて》が、疲れ切った西軍の大谷吉継《よしつぐ》隊にいどみかかったのだからたまらない。たちまち大谷隊は崩れ、その連鎖反応のように小西

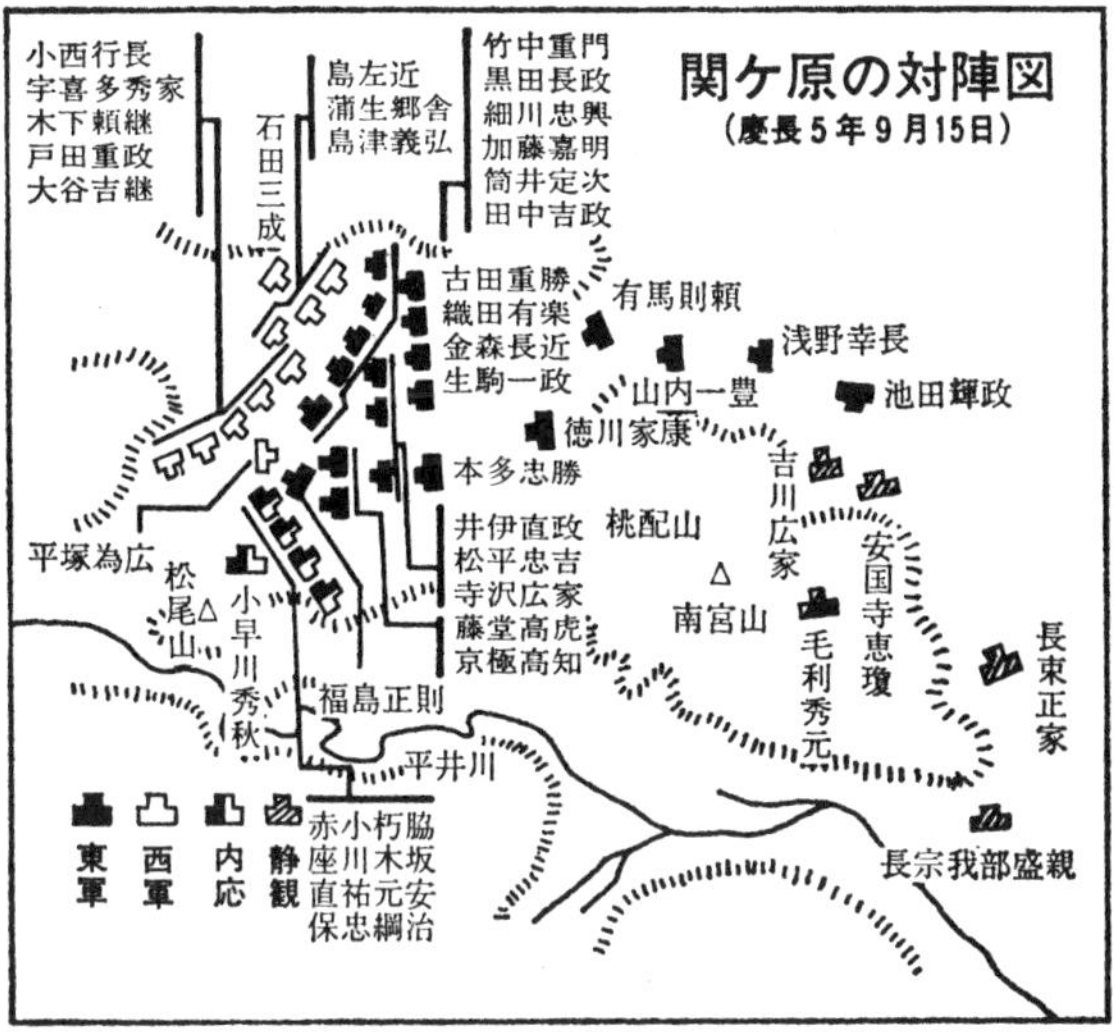

関ヶ原の対陣図
（慶長5年9月15日）

行長隊も崩れ、午後一時ごろには西軍敗北が明らかとなった。

　島津義弘隊だけが敗走せずにとどまっていたが、それも敵中突破という意表をついた作戦を敢行し、戦場から離脱していった。結局、午後三時ごろまでには、西軍は関ヶ原から姿を消していったのである。

政治工作で勝った「関ヶ原」

　こうして、「天下分け目の関ヶ原」などとよばれる関ヶ原の戦いは、東軍の圧勝で終った。関ヶ原の戦いといえば、九月十五日の、関ヶ原における実際の戦いが主として取沙汰されているが、実は、この戦いは、九月十五日の武力衝突というのは、広い意味での関ヶ原の戦いのごく一部分にすぎないと考えるべきではないだろうか。

つまり、九月十五日を迎える前に、実は本当の意味での勝負はついてしまっており、九月十五日の戦いは、いわば最後の総仕上げ、極端ないい方をすれば、一種のセレモニーといってもいいかもしれない。

そのことを端的に示すのが、家康の事前の諸大名への政治工作である。諸大名へ手紙を出し、その抱き込みをはかり、また、伊達政宗や福島正則らと姻戚関係を結び、さらに西軍に属した毛利・小早川両氏への内応工作も進めていたのである。

小早川秀秋の寝返りが関ヶ原の帰趨を決めた決定的な要因だといわれる。たしかにそのことは否定できないが、それと同等、あるいはそれ以上に意味をもったのが、家康による吉川《きつかわ》広家への働きかけである。「毛利の家を存続させる」という条件で吉川広家を説得し、関ヶ原の南東、南宮山《なんぐうざん》に布陣していた毛利秀元の大軍を戦いに参加させなかったことのもつ意味は大きい。

家康は、事前の根まわしによって、天下を盗ったといってもいいすぎではないだろう

家康の人心収攬術

関ヶ原の戦いの前哨戦ともいうべき会津征伐のとき、江戸を出て、下野の小山まで行く途中のことであるが、家康は采配を忘れたことに気がついた。

采配がなければ戦いにならないわけで、竹藪があったところで馬を止めさせ、近習に「あれなる小竹林に串になるべく細竹を切れ」と命じ、竹を手ごろな長さに切ってこさせ、持っていた紙を切り裂いてその竹にくくりつけ、二つ三つ打ち振ってみせ、「景勝などを打破らんには、是にて事足りぬ」といって、馬を進めさせたという。

これは『常山紀談』が伝えるエピソードであるが、著者湯浅常山がいうように、本当は采配など忘れてはいない。

家康ほどの隙を見せない武将が、合戦に必要不可欠な采配を忘れることなどありうるはずがない。

諸将が、上杉景勝が相手だということでびくびくしているのに気がついた家康が、わざと采配を忘れたふりをして、にわか作りの采配を振ってみせ、「上杉ごときこんな采配でたくさんだ」と大胆なところをみせたものであることに気がつく。

人の心をつかみ、しかも、演出によって人びとの不安感を取り除いている。ここらあたりに、家康の人心収攬術の極意があったように思われる。

◇大坂の陣

大坂の陣 長期徳川政権への布陣!

方広寺鐘銘事件

関ヶ原の戦い後、家康はただちに大がかりな戦後処理を行っている。西軍にくみした大名八七家の領地四一四万六二〇〇石を没収し、その没収地を戦功のあった東軍諸将に再分配し、また、自己の直轄《ちょっかつ》領も大幅にふやしているのである。譜代《ふだい》の部将にも加増し、のちの親藩《しんぱん》・譜代・外様《とざま》といった諸大名配置の原型ができあがり、幕藩体制のレールが敷かれたのである。

しかし、大坂城には依然として豊臣秀頼がおり、関ヶ原の戦いには勝ったとはいっても、あくまで家康の立場は、豊臣政権の大老にすぎなかったのである。

慶長八年(一六〇三)二月、家康は征夷大将軍に任じられた。このことによって、はじめて秀頼との力関係を逆転することができたが、秀頼はもちろん大坂方の大名たちは「家康が将軍になって天下に号令するのも、秀頼が成人するまで」と考えていた。家康は、「何とか早く政権を簒奪しなければならない」と焦りはじめた。その焦りの気持ちがひきおこした事件が方広寺《ほうこう》鐘銘事件である。

方広寺は、秀吉の冥福を祈り、あわせて豊臣家の発展を祈るということで再建の工事が進められていたもので、もちろん、家康が、豊臣家の軍資金を使わせてしまおうという腹づもりをもっていたことはいうまでもない。工事がほぼ修了した慶長十九年(一六一四)七月、突然、大仏開眼供養を中止するよう家康から申し入れがあった。理由は、方広寺の鐘の銘文に「国家安康」・「君臣豊楽」の文字があり、それは「関東不吉の語」だからというわけである。家康側のいい分は、「家康を〝安〟という字で切っており、豊臣だけ栄え楽しむというのはけしからん」ということであった。

これが家康方の、大坂方を挑発するためのこじつけであったことは明らかであるが、とりあえず大坂方では、秀頼の傅役《ふやく》、片桐且元《かたぎりかつもと》を駿府に下し弁明させている。しかし且元は、秀頼の江戸参勤か、淀殿を人質として江戸に出すか、秀頼が大坂を退去して国替に応ずるかの三つのうちどれかを選ぶようせまられたのである。大坂方は怒り、家康との戦いを決意することになった。

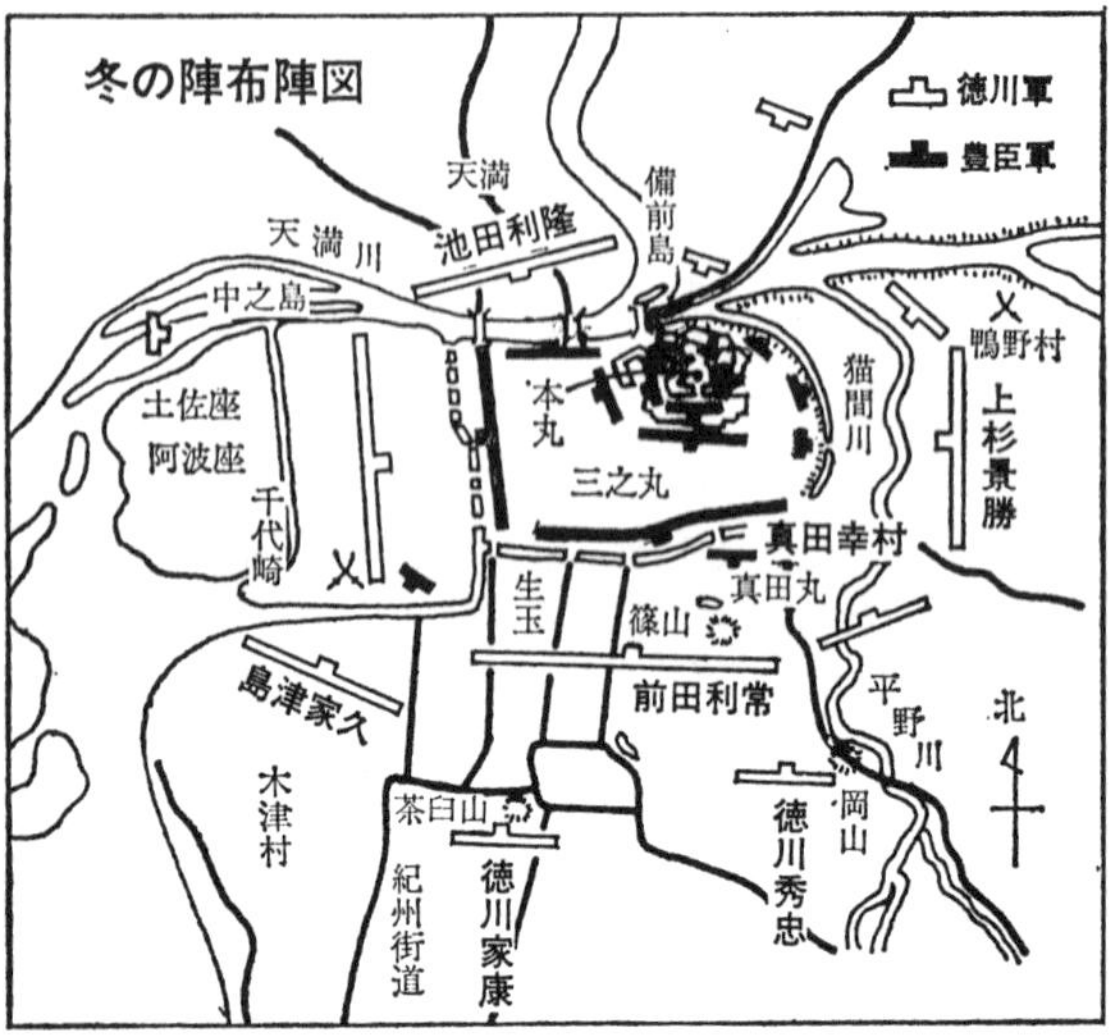

大坂冬の陣

大坂城には浪人などの寄せ集めとはいいながら十二万ないし十三万の軍勢が集まった。家康軍は二〇万の大軍で大坂城を攻めることになった。慶長十九年十一月二六日、東西両軍が大坂城外の今福《いまふく》・鴫野《しぎの》で衝突し、いよいよ大坂城冬の陣の幕が切って落とされたのである。

秀頼および腹心たちは、「いざ戦いとなれば、家康についた大名も、秀頼様には弓を引けないはず」と考えていた。ところが、実際は、大坂方に寝返るような部将は一人も出てこず、次第に孤立化の度を深めていくしかなかった。結局は講和が成立し、その講和条件として、二の丸・三の丸を壊し、本丸のみが残されることになった。

大坂夏の陣

この講和条件では、早晩、大坂方が不利になることは目に見えていた。しかし、大坂方では、「時間をかけてゆっくり壊せばいい。そのうちに家康が死ぬだろう」くらいに考えていたようである。

家康の方は、難攻不落の大坂城を、いかに二〇万の大軍で攻めたとて、攻め落せるものではないと考えていたので、とりあえず講和を結び、堀を埋め、本丸のみの裸《はだか》城《じろ》にした上で攻めようという作戦をとろうとした。

したがって、講和後、すぐ、堀を埋める工事にかかっている。大坂方で抗議しても、堀はどっちが埋めるかという細かいところまではとり決められてなかったので、抗議している間も、埋め立てはどんどん進められてしまった。

埋め立てがだいぶ進んだところで、家康は大坂方に対し、新しい要求をつきつけた。秀頼の転封か、城中に抱えている浪人の放逐かの二者択一をせまったのである。もち

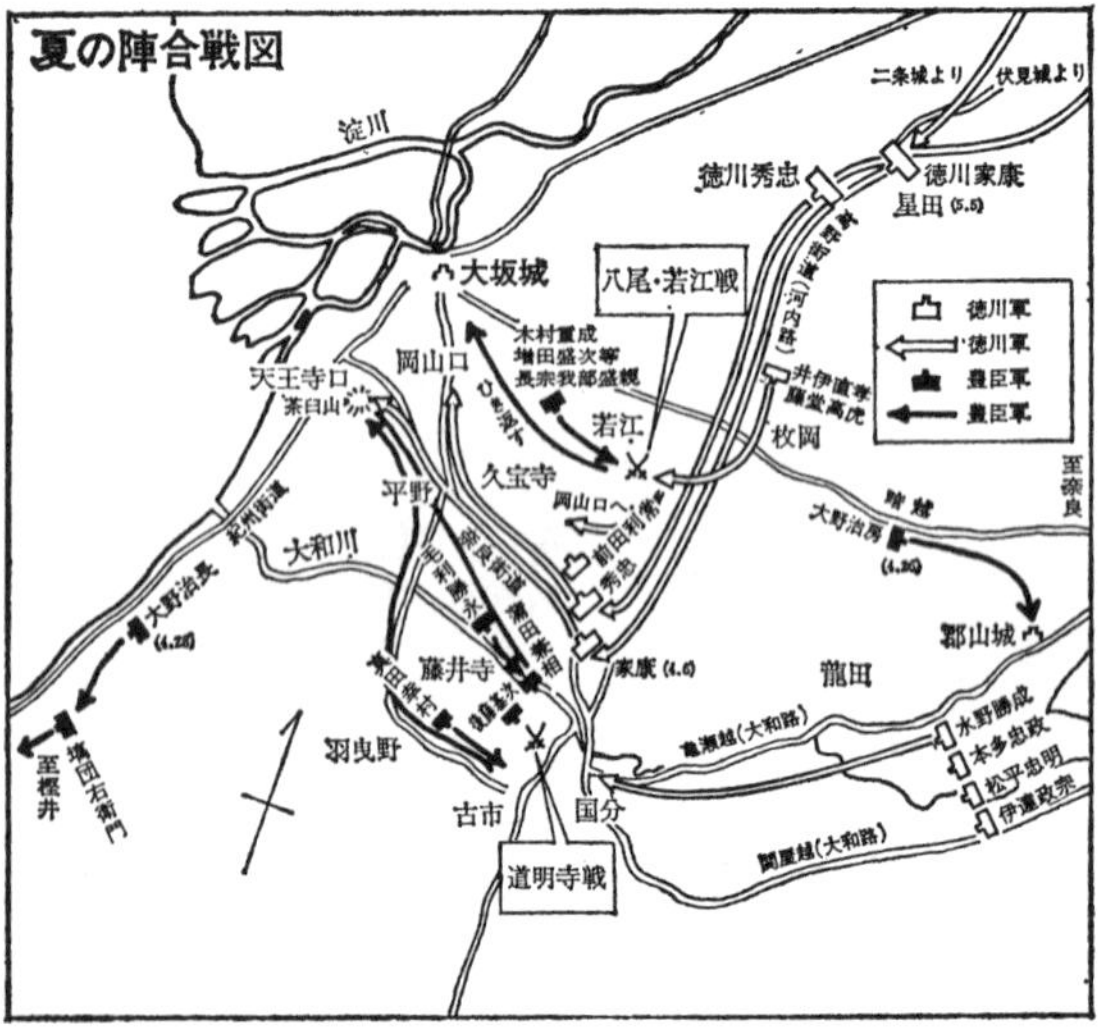

ろん、秀頼は転封を拒否した。すると、今度は、「まだ浪人を抱えている」といって再戦の口実をつかんでいる。

　こうして、翌元和元年（一六一五）五月、再び大坂城の攻防戦がはじまった。五月の戦いということで、大坂夏の陣とよばれている。

　戦いは五月六日の道明寺《どうみょうじ》の戦い、および八尾《やお》・若江《わかえ》の戦いなど、大坂城外でくりひろげられたが、軍勢的に圧倒的に不利な大坂方は城外の戦いではいずれも破れ、ついに大坂城に籠城することになった。

　しかし、さきの冬の陣とちがい、今度は本丸だけの裸城で、翌七日、徳川軍による総攻撃がかけられ、ほとんど落城寸前という状態で八日を迎えた。秀頼・淀殿は山里曲輪《やまざとぐるわ》の隅櫓《すみやぐら》（糒庫《ほしいぐら》）に逃げこんだが、ついにそこも鉄砲を撃ちこまれる事態となり、まもなく火の手があがり、秀頼・淀殿母子は死んだ。

本意ではなかった豊臣家根絶やし

家康は、仮に秀頼が転封命令をうけ入れ、一大名として徳川政権に組みこまれるならばその存続を許そうとしていたようである。しかし、秀頼がそれを拒んだため、ついに大坂城を攻め、秀頼を死に追いこむことになった。家康が考える政権に、豊臣家のような異色な存在は認められなかったからである。

このような形で秀頼を死に追いこんだ以上、秀頼の遺児も殺さなければならなくなる。遺児が、あとあと、徳川政権を転覆《てんぷく》する企てをもつかもしれなかったからだ。

秀頼と家康の孫娘千姫《せんひめ》との間には子供がいなかった。側室との間に一男一女があり、男子を国松《くにまつ》といった。家康は遺児の捜索を命じ、国松は伏見にかくまわれているところを見つけられ、京中引きまわしの上、六条河原で首を切られた。八歳だったという。女の子は鎌倉の東慶寺《とうけいじ》に入れられ尼にされている。

◉三章——

信長・秀吉・家康の国盗り合戦

信長　九仞の功を一簣に欠く

群雄割拠の乱世

応仁の乱が、京都における戦いを終息させ、戦いそのものが地方に散らばっていった段階から戦国時代がはじまる。もちろん、「戦国時代」というよび方は新しいが、その時代を生きた人びとが「戦国」と表現している例はいくつかある。たとえば、武田信玄が制定した「甲州法度之次第《こうしゅうはっとのしだい》」第二〇条に、いつも武具を調えておくことを強調した部分があるが、その書き出しは「天下戦国の上は……」となっている。全国の至るところで、ほとんど毎日のように合戦がくりかえされるという状況を、当時の人びとも「戦国」とよんでいたわけである。

ところで、ふつう「戦国三大英雄」などとよばれる、信長、秀吉、家康の三人があらわれるまで、すなわち、文字通り、群雄割拠状況の段階においては、どのような戦国大名が割拠し、それぞれの勢力配置はどのようになっていたのだろうか。

東北地方で勢力をもっていたのは、葛西、大崎、最上、伊達、芦名氏で、この中から伊達氏が急成長してくる。

関東・上信越地方では、越後の長尾為景と伊豆の北条早雲が台頭しはじめた段階である。

東海・北陸地方では、駿河の今川、越前の朝倉氏が強大で、尾張の織田信秀、美濃の斎藤道三が新興勢力であった。

近畿は強大な戦国大名が育たなかったところで、南近江の六角氏、北近江の浅井氏が出てくるが、力はそう大きなものではなかった。

中国・四国地方では、山陰の尼子氏、山陽の大内氏が強大で、両勢力にはさまれた毛利氏が飛躍の機会をねらっている状況であり、四国は文字通りの群雄割拠であった。

九州地方も同様で、大友、島津、龍造寺といった大名が強大化しつつあったが、まだ群を抜くという状況ではなかった。

織田信長の天下統一事業

そうした群雄割拠の状況から、やがて、それぞれ地方を代表する戦国大名が勝ち抜いてくるわけであるが、東海・北陸地方で頭角をあらわしてきたのが織田信秀の子信長であった。信秀の段階ではまだ尾張一国の統一すら果たされていなかったものが、信長が家督を継いで、またたく間に尾張一国を統一し、さらに、永禄三年(一五六〇)に今川義元を桶狭間に破り、永禄十年(一五六七)には美濃の斎藤龍興を稲葉山城に攻め、翌十一年(一五六八)、足利・義昭を擁して上洛に成功しているのである。

尾張一国を統一して、一〇年足らずの間にこれだけの成果をあげることができた理由はいったい何に求められるのだろう。一つは、信長が基盤とした尾張の生産力の高さが指摘されよう。さらに、手中にした伊勢・美濃も生産力が高く、米どころの濃尾平野を押さえたことがまず第一の要因ということになる。

それともう一つは運である。いかに信長とはいえ、自分の力だけで上洛するということは不可能だったはずである。美濃まで併呑することに成功したところへ、流浪中の足利義昭が信長を頼ってきたこと、これが、決定的な要因になっていることはまちがいない。信長は、都に近いという地理的条件に加え、義昭擁立という名分を得て、上洛を敢行させているのである。

信長は、その後、傀儡《かいらい》だった将軍足利義昭を追放して室町幕府を滅亡させ、浅井長政、朝倉義景、それに、畿内から北陸地方にかけて強大な力を持っていた石山本願寺と戦ってこれを屈服させ、織田政権とよばれるにふさわしい体制と内実を整えていった。

家康はこの信長とは何度も軍事行動をともにしている。すでにみた長篠の戦いなどはその典型といっていいが、その他、元亀元年（一五七〇）四月の越前攻め、六月の姉川の戦いにおいても、家康は自ら軍勢を率いて信長軍に加わっている。

越前攻めのときは、信長の妹婿である近江の浅井長政が叛旗をひるがえしたため退路を絶たれ、家康も危ない目にあっている。

姉川の戦いでは、家康が浅井軍の支援にきていた朝倉軍と戦い、このときは、信長軍と浅井軍の戦いでは浅井軍が優勢で、織田・徳川連合軍も危ない局面もあった。しかし、家康軍の奮戦によって朝倉軍を崩し、浅井・朝倉連合軍は、朝倉軍の崩れによって浮き足だち、小谷城に総退却してしまったのである。つまり、家康軍が姉川の戦いの勝利の立て役者であった。

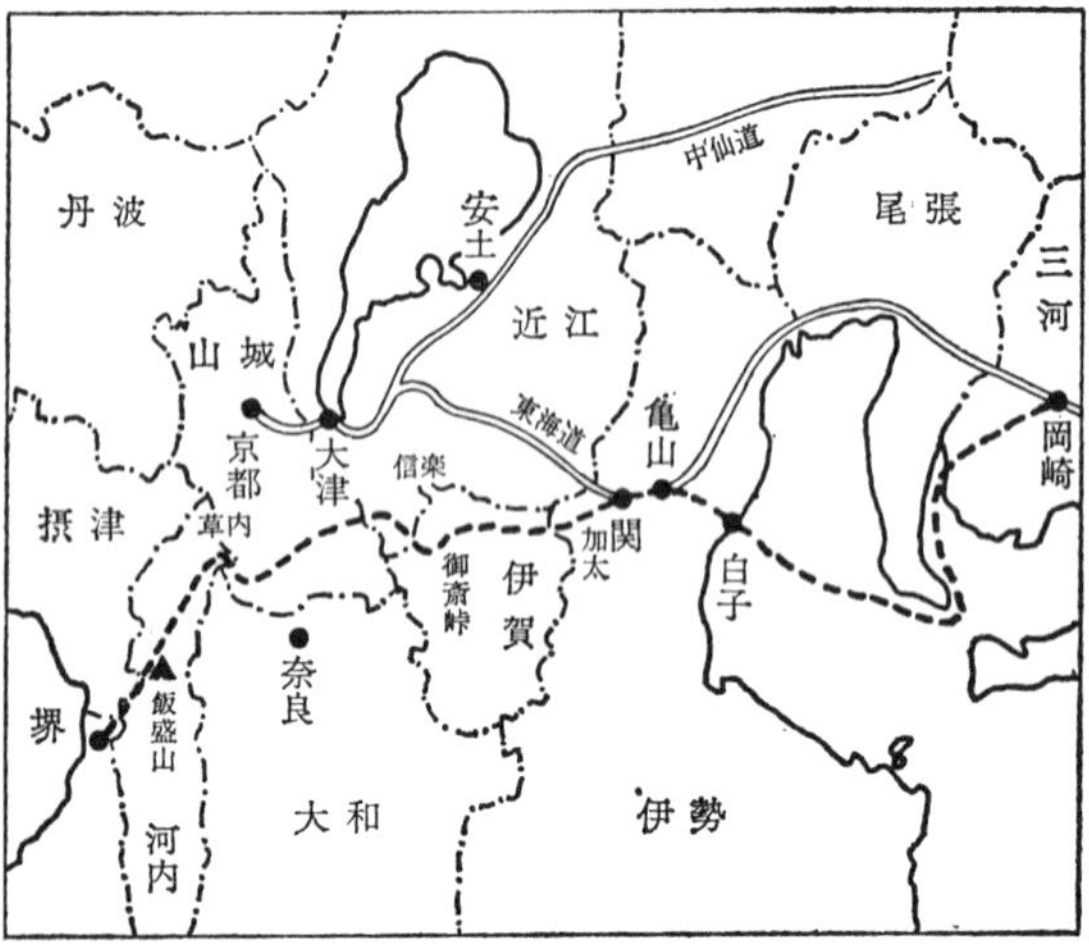

本能寺の変

他の戦国大名との関係も、畿内では敵対する勢力はなくなり、天正十年（一五八二）の時点をとれば、東は、甲斐・信濃・駿河・西上野のほか、越中・美濃・飛騨、それに遠江の一部を領する強大な武田氏を滅ぼし、越後の上杉景勝と戦い、西は、毛利氏と戦っていた。

そして、結果的には、このことが信長の命取りになってしまったのである。天正十年六月二日、信長は京都の本能寺に宿泊しているところを明智光秀に襲われて命を落とすことになるわけであるが、信長に油断があったことは事実である。

とにかく、重臣筆頭ともいうべき柴田勝

家は、越中魚津城攻めの最中であり、羽柴秀吉も備中高松城攻めの最中で、信長の近くで、かなりの大軍を擁していたのは明智光秀ただ一人だったからである。

ところで、本能寺の変のとき、家康はどのような動きをしていたのだろうか。このことをみていくために、武田攻めのあとから追ってみよう。

武田勝頼が自刃したのは三月十一日のことで、信長は家康に案内されて甲斐、駿河、遠江を通って安土に凱旋している。その途中で、家康には武田攻めの賞として駿河一国が与えられている。

家康は五月十五日、武田方から寝返ってきた穴山梅雪をともなって安土に赴き、駿河一国を与えられた御礼を言上し、歓待され、能をみたりして日を過ごし、二十一日に、信長から京都遊覧を勧められている。家康は二十九日、京から堺に入ったが、その同じ日、信長も上洛して本能寺に入っている。

そして運命の六月二日であるが、この日の未明、光秀の一万三〇〇〇の大軍に包囲された信長は、ついに自刃して果て、その悲報はすぐ堺にいた家康のもとにも届けられた。このときの状況は、さきの三方ヶ原の戦いのとき以上の厳しさだったといっていい。とにかく、家康は信長の第一の同盟者である。信長を倒したあと、光秀がまず警戒したのは家康であった。しかも、その家康は、ほとんど丸腰の状態で堺に遊んでいるというわけで、光秀勢は、信長の残党を探索すると同じように、家康一行をねらったわけである。

このとき、家康は、「京へもどって光秀を相手に一矢を報い、切り死にする」というが、家臣たちに押しとどめられ、とにかく三河へもどることになった。そこで取られたルートが伊賀越えである。二日の夜は信楽《しがらき》に泊まり、三日には早くも伊勢の白子に到達し、そこから船に乗って四日朝には三河大湊に着いている。いわゆる「神君伊賀越え」とよばれる家康の一大危難であった。このとき、随行していた茶屋四郎次郎のばらまく金と、服部半蔵ら伊賀者の活躍によってかろうじて逃げることができたわけである。事実、同じように逃げた穴山梅雪が、宇治田原で野伏に殺されていることからも、このときの逃避行がいかに命がけだったかがわかろう。

岡崎にもどった家康は、すぐ態勢を整えて十四日には岡崎城を出て鳴海《なるみ》まで行ったが、そこで、秀吉の使者から、山崎の戦いで光秀を討ったという報告を聞かされた。

タイミング悪く堺で遊んでいたため、家康は秀吉に一歩先を越されてしまったのである。

家康を助けた忍者集団

戦国時代、忍者は乱波《らっぱ》とか透波《すっぱ》とかよばれ、草《くさ》とか、かまりなどと表現されることもあった。後北条氏の風魔《ふうま》一族などは有名で、講談などで知られる猿飛佐助などの真田忍者たちも、実際忍者の変形した姿である。

家康も忍者集団を抱えていた。特に知られているのは服部半蔵である。服部半蔵は伊賀忍者なので、家康が堺から伊賀越えで伊勢に逃げたとき、はじめて仕えたように考えている人も多いが、実際は、半蔵の父も家康に仕えており、家康と伊賀忍者とのかかわりはかなり古い。半蔵の道案内によって、伊賀越えルートの逃避行を成功させている。

江戸城が築かれたとき、甲州街道の起点になったところに一つの門を設けている。そこに半蔵の屋敷があったところから半蔵門とよばれることになるが、これは、江戸城が危なくなったとき半蔵ら伊賀・甲賀の忍者集団によって城主を甲府城に落とすためのものだったという。八王子の千人同心も、その万一の備えだったといわれている。

秀吉 信長遺業の継承者

戦国時代の終焉を告げた小田原攻め

本能寺の変後における秀吉の台頭ぶりは、実に目をみはらせるものがあった。中国大返しによって備中高松城から取って返し、山崎の戦いで明智光秀を討ち、さらに最大の対抗馬と目されていた柴田勝家を賤ヶ岳の戦いであっさり討ち、家康と戦うことになった小牧・長久手の戦いでも、たしかに局地戦では家康に軍配が上がったが、全体として秀吉の優勢勝ちという印象があり、天正十三年（一五八五）、秀吉が関白に任じられてからは、家康もその下に属す形をとらざるをえなくなった。

秀吉による天下統一の最後の総仕上げが天正十八年（一五九〇）の小田原征伐であった。その三年前の天正十五年（一五八七）、秀吉は関東、陸奥、出羽の諸大名に対し、私戦を禁止することを内容とした「関東《かんとう》・奥両国惣無事の論理」というものを、関白としての立場で出している。

「これから、勝手に戦ったものは、関白秀吉の成敗を受ける」といった内容である。

秀吉は、後北条氏の軍勢による真田領の名胡桃《なぐるみ》城奪取をこの「惣無事令」違反としてとらえ、その征伐に踏み切った。このとき、秀吉軍は二〇万とも二二万ともいわれる大軍で、東海道・東山道はもとより、海からも包囲する態勢をとっている。

この小田原攻めにあたり、先鋒を命ぜられたのが家康である。家康と北条氏政。氏直父子とは領国の堺を接していること、また、家康の娘督姫が氏直に嫁いでいたことなどが先鋒とされた理由であろう。家康は娘を離縁させ取りもどすことによって、後北条氏との同盟関係を絶ってはいるが、秀吉としては、家康が後北条氏と結ぶ危険を考えていたのであろう。

家康は三万の大軍を率いて二月十日に駿府を発している。先手衆・二ノ手衆・旗本前備、同後備などに編成され、堂々の進軍であった。

秀吉が三万二〇〇〇の直属軍を率いて京都を出発したのが三月一日で、家康はその月の二十七日、秀吉を沼津三枚橋城に出迎えている。

関東へ転封させられた家康

家康を先鋒とした秀吉軍の小田原城包囲は四月三日からはじまっている。秀吉は小田原攻めが長びくことを予想し、同時に、本陣として石垣山城を築城させており、後北条氏の籠城戦法に対抗している。

石垣山城に側室淀殿を呼んだりしたのは有名な話で、能を楽しんだり、茶会を開いたりしている。その間に秀吉軍は小田原城の支城を一つずつつぶしていく各個撃破の戦法をとり、次第に小田原城は孤立していった。

そのようなある日、秀吉は石垣山城に家康を招き、二人で後北条氏滅亡後のことを相談している。有名な「関東の連れ小便」の場面である。

秀吉は、そのときはじめて家康に、「北条が滅んだあとをそちにまかせる」といったらしい。家康にしてみれば、これはまったく予想外のことであった。というのは、家康なりの計算では、後北条氏を滅ぼしたあと、自分の領国である駿河とは地続きの伊豆一国がもらえるものと考えていたからである。事実、小田原城攻めの最中から、家臣に対し、伊豆の支配に関する指示を与えたりしている。

秀吉は、家康を恐れていた。家康による五ヵ国支配が完璧な形で進行しているのに脅威を感じていたのではなかろうか。その五ヵ国を取り上げ、後北条氏の遺領である関八州を与えることにすれば、またゼロからやり直さなければならない。秀吉にしても、「家康が後北条の遺領を手なづけるのは容易でないはず」と思っていただろう。

この秀吉の意向に対し、家康の重臣、特に本多忠勝、榊原康政、井伊直政らは、「そのような恩賞ならば蹴った方がよい」といきまいている。五ヵ国から八ヵ国への転封なので、国の数からいえば栄転だが、後北条氏の遺臣たちの抵抗が予想される土地への転封は栄転とはいえなかった。

しかし、家康は、秀吉の申し出をうけ入れている。このとき、織田信雄も、旧領伊勢五郡・尾張から家康の旧領五ヵ国へ転封を申し渡されたが、信雄は「尾張は織田家にとって父祖の地、加増されなくても結構。このままにしてほしい」といい出し、怒った秀吉は信雄の所領を没収し、下野の烏山《からすやま》に配流してしまった。家康がこのとき秀吉の転封命令を拒んでいれば、同じような憂きめにあっていたろう。

なお、小田原城では七月五日に氏直が降伏し、十一日に北条氏政とその弟氏照が切腹し、氏直は高野山に逐われ、ここで後北条氏は滅亡している。

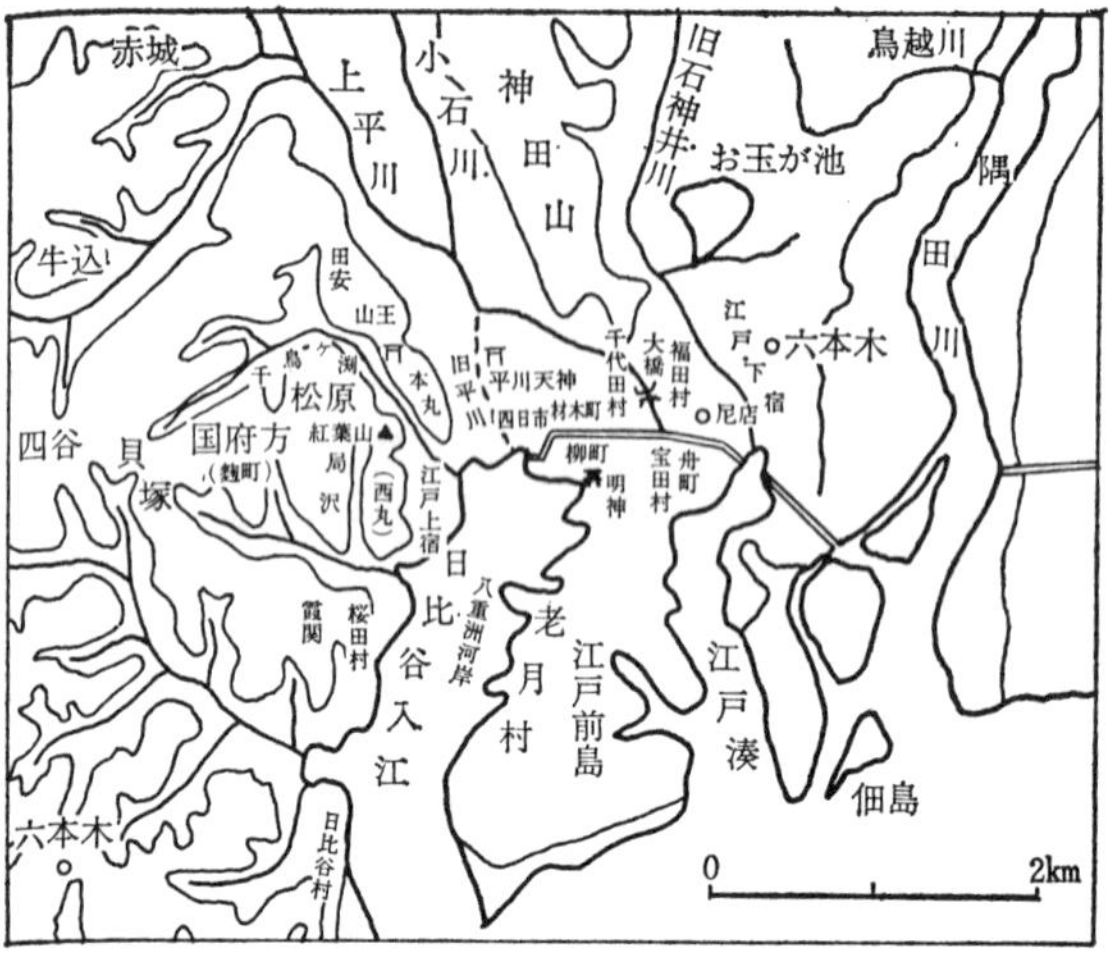

家康入城直前の江戸（鈴木理生の作図による）

秀吉が勧めた江戸城

小田原開城後の焦点は、家康が小田原城に入るかどうかであった。籠城戦にもかかわらず、ほとんど城そのものは痛んでいなかったからである。従来、家康が小田原城に入らず、江戸城を新しく城地として選んだことを、家康の先見性を示す好例と理解する傾向が強かったように考えられる。しかし、果たしてそうなのだろうか。

『徳川実紀』によれば、小田原開城後、そのまま小田原城を本拠にしようと考えていた家康に対し、「小田原は家臣の誰かに守らせ、これより東の江戸に入った方がよい」と秀吉が勧めている事実がある。

秀吉としてみれば、これからさらに奥州を攻めるわけで、その足場として江戸あたりに新しい城がほしかったことが理由の一つであろうが、もう一つ、「小田原城に家康が入った場合がこわい」という思いもあったのかもしれない。

いずれにせよ、江戸湾の入江をもつ水辺の城である江戸城の発想は、浜松・駿府という直接する湊をもたない家康よりも、近江長浜や大坂に城を築いた舟運を考慮に入れた秀吉の発想であった。

しかし、結果的には、後背地を大きくもつ江戸城の方が立地としてすぐれていた。その意味では、秀吉による家康の関東移封は、家康に、秀吉の対抗勢力としての実力をたくわえさせる場所を知らず知らずのうちに与えてしまったということになる。

朝鮮侵略が命とり

秀吉が中国大陸・朝鮮半島への侵略を口にしはじめたのは、今日、史料的に明らかにされている範囲において、天正十三年（一五八五）九月三日のことである。その二ヵ月ほど前の七月十一日に、秀吉は関白になっているので、大陸遠征計画と関白任官とは密接なつながりをもっていたとみてまちがいあるまい。

秀吉の朝鮮侵略は、二次にわたっているが、第一次は、日本の年号をとって日本では文禄の役とよばれ、朝鮮では壬辰倭乱とよんでいる。このとき、秀吉は肥前名護屋《なごや》に侵略基地として名護屋城を築き、合計三〇万を越す軍勢が集められた。そのうち、朝鮮に渡ったのは半分の十五万八八〇〇人であった。

関東、奥州征伐のときに主として東国の大名が実際の戦いに動員されたこともあって、今度は西軍の大名たちが渡海を命ぜられている。家康は名護屋城に滞陣しているが渡海は命ぜられていない。もっとも、これには一つのエピソードがある。

兵力を温存させて次を狙う家康

秀吉は家康にも渡海を命じたかったらしく、家康のもとにも秀吉からの使者が来て、朝鮮への渡海を進言したことがあったという。そのとき、家康は書院にすわって何も答えなかったが、そばにいた本多正信が、「殿には渡海されますか」と尋ねた。ところが返事がない。正信はもう一度尋ねたが返事がなく、正信は家康が聞こえないと思ってもう一度尋ねたところ、「箱根を誰に守らせるのか」と一言答えたという。

これは『常山紀談』にみえるエピソードであるが、諸大名が「際限なき軍役」といって苦しんだ朝鮮出兵に、家康が名護屋まで行っただけで済んだのは、家康と秀吉との力関係を物語るものともいえる。

なお、豊臣政権の屋体骨をくずすこの無謀な朝鮮侵略に家康が直接手をそめなかったことは、のちの徳川政権の樹立に大きな意味をもったといえる。一つは、血ぬられた侵略戦争に直接的には加担をしなかったという一種の潔癖さというものが家康のトレードマークとして評価されたことであり、もう一つは、渡海による兵力・財力の消耗がほとんどゼロで済んだということである。

それに対し、秀吉は二度にわたる侵略で力を使い果たし、結局は、これが命とりになってしまった。

朝日姫との結婚

家康は、天正七年（一五七九）に正室の築山御前を失ってからは正室をもたなかった。正室はなくとも、何人もの側室がいたため、その必要性は感じていなかったのである。

ところが天正十四年（一五八六）、家康は思いがけず、二度目の正室を迎えるはめになった。小牧・長久手の戦いのあと、あくまで家康を臣従させようとする秀吉が、自分の妹を家康に嫁がせ、上洛させようとはかったからである。

秀吉の妹は朝日姫といった。史料によっては旭姫と書かれることがあるが、姫とよぶには少しうしろめたさを感じさせる四十四歳であった。家康がその年四十五歳なので、ある意味では釣り合いがとれているといえるが、そのころ、二十四・五歳でいわゆる「おしとね御免」があたりまえの時代なので、四十四歳の花嫁というのはいかにも不自然である。

しかも、朝日姫にはれっきとした夫がいた。その夫と無理やり離婚させた上で家康に再嫁させたのである。前夫は、秀吉から、「朝日姫と別れれば五万石をやろう」とかいわれたといわれているが、前夫は、秀吉の強引なやり方をうらみ、自殺したとも、行方をくらましたともいわれている。

ところで、その前夫であるが、史料によって諸説あり、名前を特定することがむずかしい。よくいわれているのが佐治日向守《さじひゅうがのかみ》である。朝日は、まだ貧しかったころ、尾張の貧しい農民に嫁ぎ、秀吉が出世した時点で長浜によばれ、武士として取り立てられ佐治日向守と名乗ったというものである。離縁をせまられ、自殺ないし行方をくらましたのがこの佐治日向守だという。

そしてもう一つの説は、はじめの夫が佐治日向守であるが、いつのときか日向守は死に、そのあと朝日姫の二人目の夫となったのが副田甚《そえだじん》兵衛《べえ》という男で、秀吉からいい含められて離縁させられたのはこの副田甚兵衛だというのである。

現時点で、朝日姫の前夫が佐治日向守だったのか副田甚兵衛だったのかを断定することはむずかしい。家康との婚儀が行われたのは天正十四年五月十四日、浜松城においてであった。

秀吉は、「妹を嫁がせ、義兄弟のつながりをもたせれば家康も上洛してくるだろう」と考えていたが、家康は腰を上げようとはしなかった。そこで、秀吉は、生母大政所《おおまんどころ》を岡崎城まで下し、ついに家康も上洛するはめになった。このときの上洛は、秀吉への臣従を意味したわけで、朝日姫の再嫁は、秀吉の天下統一にそれなりの役割を果たしたことになる。

三年後の天正十七年（一五八七）七月、朝日姫は大政所の病気見舞のため上洛し、そのまま病みつき、とうとう家康のもとに帰ることなく翌天正十八年正月十四日に聚楽第《じゅらくてい》で没した。秀吉は東福寺に葬り、「南明院殿光室総旭大姉」と諡《おくりな》している。

◇家康　実力を蓄え最後の勝利者に

妥協に妥協を重ねた家康

本能寺の変の後、家康は兵をまとめて上洛し、明智光秀と一戦をまじえるつもりでいた。信長の同盟者としてみれば、それが彼のとるべき当然の道だからである。

ところが案に相違して、光秀は秀吉に討たれてしまった。家康は織田家の人間ではないので、信長・信忠亡きあとの後継者を決める清洲会議にも招かれておらず、清洲会議において、秀吉提案で、信忠の遺児三法師が家督を継ぐようになるなど思ってもみなかったことと思われる。

家康は、秀吉が山崎の戦いで光秀を討ったこと、清洲会議の結果が秀吉の思惑通りにいったこと、そして、大徳寺において、秀吉のリードで信長の葬儀が行われたことなどをみて、「秀吉が信長の後継者になるだろう」と判断したはずである。そこまでの過程で、信長の同盟者としての立場にすぎない家康は口を挾《はさ》む余地はない。

家康が、「信長に代わって自分が」という思いをもったとすれば、それをいつの時点で「秀吉のつぎをねらおう」と方針転換したのかが問題となる。おそらく、家康なりの計算で、信長の家臣たちが四方に散らばっている状態では、「自分が光秀を倒せば……」と思ったであろう。しかし、それは、岡崎から鳴海《なるみ》まで兵を進めたところで、秀吉の使者から「光秀は、わが殿秀吉が討ち申した」と聞かされた時点で消えてしまった。

そうなると、家康としては、いかに秀吉と関係をもつかが大問題となって浮上してくる。しかし、家康は、その時点では将来のことはあまり考えず、とりあえず自分の力を強くしておこうと判断したようである。一旦、浜松城にもどり、そのあと兵を率いて、信長の遺領となった甲斐、信濃の鎮撫《ちんぶ》に向かっている。言葉は悪いが、「どさくさまぎれに、できるだけ領土を取っておこう」という腹であった。事実、この甲斐・信濃の奪取によって家康は秀吉と対等に近い関係を保つことができたわけで、その判断は適確だったといってよい。

以後、少なくとも秀吉が歿する慶長三年（一五九八）まで、家康は忠実な豊臣大名の一人になりきっている。臨終の場で秀吉が、家康の手をとり「秀頼のことを頼む」といっているくらいなので、秀吉の目にも、家康は忠実な秀頼の後見人と映っていたのであろう。「律義な内府」とよばれていたのも故なしとしない。事実、家康は、秀吉が生きている間は、「オレが、オレが」といって出てくるようなことは一度もなかった。家康が自分よりすぐれた人物であることを知っていたのである。

待ちの政治家

戦国時代、下剋上の思想とも密接に関係するが、武将たちの中には、「天下はまわりもち」と考える傾向が強くあったようである。「実力ある者が天下を盗る」という、まさに戦国的思考といえるが、信長が、室町幕府にかわって天下に号令したのも、信長は自分が足利義昭に代わって天下を治めるのにふさわしいと考えていたからである。

その点では秀吉も同じだった。他の信長の家臣よりも、信雄・信孝といった信長の遺児たちよりも、自分が天下を盗るにふさわしい実力者だと考えていたがために、信長の政権を簒奪していったのである。

そして、家康も、信長・秀吉とこの点では同じ考えをもっていた。山崎の戦いに出遅れたあと、家康はひたすら秀吉の死を待っていたのである。「秀吉さえいなくなれば、この世で実力一番は自分である」という自負心があったろう。待ちに待つこと十七年、ようやく秀吉が死んだ。秀吉が臨終の床で、家康の手をとり、「秀頼のことを頼む」といわれたとき、家康は涙を流してそれを聞いているが、当時、すでにイエズス会宣教師のフランシスコ・パシオが看破しているように、それは歓喜の涙であったかもしれない。

●四章――

「将の器」――天下を制した家康の器量

◆忍耐　犠牲と忍耐で築き上げた天下

天下を制した家康の将の器

将の器をはかる〝ものさし〟は、それこそいくつもあり、種類もまちまちである。たとえば、大村由己《おおむらゆうこ》が、『播磨別所記』で、豊臣秀吉の将たる器をはかった〝ものさし〟は、

君に忠心あり　臣に賞罰あり
軍に武勇あり　民に慈悲あり
行に政道あり　意に正直あり
内に智福あり　外に威光あり

の十種で、由己はこれを「秀吉の十徳」と表現している。また、甲斐の武田信玄のことを記した『甲陽軍鑑』も、「我国をほろぼし、我家をやぶる」大将に対置して

「能《よ》き大将」像を描き出しているが、それによれば、「能き大将」の特性は、⑴心静かなること、⑵つよきこと、⑶平《たいらか》なること、⑷手がるきこと、の四つに集約されている。

私は、本書において、まず、家康の将の器をはかる〝ものさし〟として、⑴忍耐、⑵勇気、⑶智恵、⑷決断、⑸情愛の五つを用意し、具体的に家康をはかってみたいと考えている。

数々の苦難が家康の「忍耐力」をつくった

家康は「遺訓」といわれる、「人の一生は重荷を負て遠き道をゆくがごとし、いそぐべからず。……堪忍は無事長久の基。……」という一文が広く知られているため、「忍耐の人」といった印象が強い。

この「遺訓」そのものは家康本人の言葉ではなく、後世に作られたものであるが、忍耐強かったことは、歴史事実に照らしてみても明らかである。

では、家康は、生まれながら忍耐強い性格だったのだろうか。どうも、そうは思えないのである。家康は、本来、性格としては短気だったのではなかろうか。「人質」

時代のおもしろいエピソードが、『鳥居家譜』にみえているので紹介しておこう。

家康がまだ竹千代といって駿府に居住させられていたころのことである。同じ年ごろの遊び友達の意味で十人内外の子供が岡崎からつき従ってきていたが、あるとき、飼っていた百舌《もず》の飼い方が悪いといって、鳥居元忠を縁先からつき落としたことがあった。

『鳥居家譜』が記そうとしたのは、そうした竹千代の短気ぶりではなく、松平家臣団一の実力者ともいうべき老臣鳥居忠吉の子を、何の気がねもなく、縁先からつき落とした豪胆ぶりに、大将の器をみたことを書いているわけであるが、はしなくも、このエピソードに、ちょっとしたことにもすぐカッとなる家康の本来の性格が浮き彫りされているといってもよいであろう。

駿府での生活、それに、のちの三方ヶ原の戦いでの苦い体験、こうしたことが積み重なって、忍耐強い性格は形づくられていったのであろう。家康の忍耐というのは、その意味では、後天的なものであったことがわかる。

妻、長子をも失わざるをえなかった家康の苦悩

さて、家康の忍耐強さを物語る話にはこと欠かないが、家康が一番忍耐と感じ、まさに、「ここが我慢のしどころ」と考えていたのは、長男信康を殺すハメになったところではなかろうか。

天正七年（一五七九）七月十六日、家康の重臣酒井忠次が、織田信長に詰問されるということがあった。家康の長男信康に嫁いでいた信長の娘徳姫《とくひめ》から十二ヵ条の訴えがあり、それが事実かどうかを問いただされたというものである。

そのとき、忠次は、十二ヵ条中十ヵ条まで弁解できず、それを認めたという。十二ヵ条の中には、信康とその母築山殿が武田家に内通しているということや、信康の悪逆無道ぶりが書き記されていたという。信長は、「家康の片腕ともいうべき忠次が認めるなら事実であろう、即刻腹を切らせろ」と命じ、忠次はその命令を家康のもとに持ち帰ってきた。

「青天の霹靂《へきれき》」とはまさにこのようなことをいうのだろう。家康と信長は形の上では対等の同盟であるが、その実、ほとんど主従関係に近いものであり、信長の命令は絶対だったのである。家康が間接的に信長の命令をうけただけで、直接命令をうけたわ

けでもないにもかかわらず、命乞いに行くことすらしなかったのは、そのためである。「信長が一度いい出した以上、くつがえすことはあるまい」と早々にあきらめてしまったのである。ここは「忍耐」の二字をかかげるしかないと考えた。

家康は、信康が武田勝頼に内通しているなどとは思っていなかったし、無実であることは信じていた。しかし、切腹に追いこまねばならなかったのである。その理由は何だったのだろうか。

「松平一党の党首」としての結束を守った家康

よくいわれるのは、信長の深謀遠慮だったという考え方である。つまり、このとき、信康は二十一歳、信長の長男信忠は二十三歳で、ほとんど同じである。信長の頭の中には、「今は自分の方が立場は上だが、子の代になったとき逆転するのではないか」という恐れがあったのではないかとする。

それともう一つ、信康と酒井忠次・石川数正ら家康の重臣との対立が根にあったのではないかとする考えもある。

戦国武将といえば、誰もが専制君主であったかのような印象をもってしまいがちであるが、信長は特例として、他の戦国武将は、むしろ重臣たちとの連合権力であったといっていい。つまり、極端ないい方をすれば、若さにまかせ、また、「家康の子である」ということを鼻にかけ、専制的にふるまいはじめた信康に対する重臣たちの反発が、この事件の直接の引き金になったと考えることもできる。

一つのいい例が『家忠日記』である。「十四松平」の一つ深溝《ふこおず》松平の四代にあたる松平家忠が、その日記『家忠日記』の中で、家康について記すとき、「家康」と呼び捨てにして書いているという事実がある。家忠が家康を「家康様」とか「殿様」と表現するようになったのは天正十年代（一五八二～一五九一）のことであり、これまた極論すれば、そのころまで、家臣たちの意識には、家康は絶対の主君というより、「松平一党の党首」としたとられ方があったのではないかと思われる。

したがって、両家老といわれる酒井忠次・石川数正と信康との間には、いつの間にか大きな溝ができてしまっており、両家老を中心とする浜松宿老グループと、岡崎にある信康およびその側近の部将たちとの間に対立のきざしがあり、それが、この事件の底流にあったとみることができる。

その年八月三日、家康は岡崎城に出向いて、信康を三河国大浜に移すことを命じ、さらに九日には、小姓七人をつけて遠江堀江城に移し、最後には二俣《ふたまた》城に移し、大久保忠世に預け、それに監視させている。

このように信康の身柄を転々と移したのは、よくいわれているが、信康をどこかに逃がすチャンスをさぐっていたのかもしれない。しかし、信長からの許しもなく、また、チャンスもめぐってはこなかったのである。

その間、八月二十九日には、築山殿が浜松に近い富塚という所で殺された。信康が二俣城で自刃したのは九月十五日のことである。

家臣、領民のために耐えた家康

家康にとって、長男信康と正室築山殿をわが手で殺さざるをえなかったことは痛恨のきわみであったろう。この一事をとって、「家康は非情な男である」と評するむきもあるが、その評は正しくない。この時点で、信長の命令は絶対であり、それを拒むことができなかった家康の立場にこそ目を向けていかなければならないのではなかろうか。

家康は、耐え忍ぶことによって徳川という「家」の存続のために、信康と築山殿を犠牲にしたわけで、このときの家康の忍耐が、その後の徳川家の発展のもとになっているることを忘れることはできない。将の器をはかる〝ものさし〟として、私が忍耐をまずトップにもってきた理由もそこにある。

「家」は、今日の会社なり企業に該当する概念としてつかまえておく必要がある。「徳川家」は、家康とその家族の意味ではなく、徳川カンパニーであり、何百という家臣、さらにその下には何千という領民を抱えこんだ一つの企業体であった。

したがって、家康の、将の器として忍耐をみるとき、この信康切腹、築山殿殺害という事件から、「私」を殺し、「公」の家康になりきろうとする家康の苦悩のあとを読みとることができ、そのための忍耐であったからこそ余計に重みがあったととらえるわけである。

◇勇気 恩讐を超越した器量の広さ

死を覚悟してこそ生きる合戦哲学

戦国時代を生きる武将に、勇気が必要なことはいうまでもない。さきの『甲陽軍鑑』にも、落第点の武将として、馬鹿な大将、利根すぎたる大将、臆病なる大将、強すぎたる大将をあげているが、臆病な大将に家臣たちがついてこないのは当然で、リーダーの資質として、勇気が求められていたのである。

武田信玄の弟信繁《のぶしげ》が子の信豊と家臣たちに与えた家訓「古曲厩《こてんきゅう》より子息長老江異《い》見《けん》九十九箇条之事」の第二条目に、

一、戦場に於て、聊《いささか》も未練をなすべからざる事。呉子《ごし》曰《いわ》く、生を必するは則《すなわ》ち死し、死を必するは則ち生くと。

とあり、死を覚悟して戦いに臨んだ者の方がかえって生きるというもので、これは当時の合戦哲学の一つということができるが、では、将の器として、家康の勇気はどうだったのであろうか。

家康が合戦において、常に第一線に立って陣頭指揮していたことは各種記録が物語るところで、三河一向一揆のときなど、一揆側についた蜂屋半之丞などは、家康の軍勢と戦っていたが、家康の姿をみると、こそこそと姿をかくしたといわれている。

永禄七年（一五六四）正月十一日の上和田《かみわだ》の戦いのときは、家康自身、一揆の放った鉄砲の弾を二発うけるほどであった。家康が自ら陣頭にたっていたことの証拠だ。

秀吉の脅しに動じなかった家康の度胸

しかし、将の器として勇気というものを〝ものさし〟にした場合、その勇気は、何も合戦の場面における勇猛さだけではかられるものではない。政治的なかけひきの上での勇気もみなければならないと思われる。その点で私が一番注目しているのは、天正十八年（一五九〇）の段階における家康の勇気である。

天正十八年というのはいうまでもなく秀吉の小田原攻めで、家康は小牧《こまき》・長久手《ながくて》の戦いのあと秀吉の下に属す形となっていたが、同時に、小田原城の北条氏政《うじまさ》・氏直《うじなお》父子とも同盟関係にあった。つまり、家康の妻として秀吉の妹旭姫《あさひひめ》が嫁ぎ、家康の娘督姫《とくひめ》が北条氏直に嫁いでいたのである。

秀吉が小田原攻めを決意したとき、一番困ったのは家康であったろう。とにかく、秀吉との関係を重視すれば娘婿の北条氏直と戦わなければならず、逆に、後北条氏との関係を重視すれば、秀吉と手を切らなければならず、家康は、秀吉と後北条氏との板ばさみの状態になってしまったのである。

このとき、家康は、将来性を考えて、秀吉につくことを決意し、北条氏政・氏直父子とは手を切っているが、秀吉としては、そのような状況にあることを十分計算の上、家康に先鋒を命じている。これは、当時の合戦における常套《じようとう》手段ということになるが、去就《きよしゆう》のはっきりしないものとか、寝返ってきたばっかりのものを先鋒にして、その忠誠度を試すことがしばしば行われており、このとき、家康が先鋒を命じられたのは、まさにこのケースであった。

家康のこのときの動員力は三万といわれているが、秀吉に忠誠度を試されていることを知って、三万の全力で出陣することになった。

いっぽう秀吉は、三月一日に直属軍を率いて京都を出発し、十九日には家康留守中の駿府城に入っている。家康の重臣の一人本多作左衛門重次などは、「徳川の本城である駿府城に秀吉を泊めるなどということは、奥方を貸すようなものだ」といって反対したというが、すでに家康の腹は固まっていたのである。

ところで、この時期、世間では、「家康と織田信雄とが手を組んで秀吉を殺そうとしている」という流言が飛んでいたらしく、秀吉自身も半信半疑だったことを伝えるエピソードがある。

秀吉が駿河の浮島原《うきしまはら》（現在の富士市と沼津市の中間）に到着したとき、家康と信雄が秀吉を出迎えたが、秀吉は乗っていた馬から飛びおりざま、太刀の柄に手をかけ、「信雄、家康逆心ありと聞く、立ち上られよ、一太刀まいらん」と叫んで斬りかかる格好をした。

もちろん、秀吉は相手がどんな反応をするかそれを試すための演技だったわけであるが、信雄はあわてふためいて逃げまわり、それに対し、家康はまったく動じず、秀吉の左右の者に、「殿下が軍始《いくさはじめ》に御太刀に手をかけられた。目出たいことだ。皆お祝いなされ」と促したという。なお、秀吉が家康らに斬りかかる格好をした場所は、三《さん》枚橋《まいばし》城だったという説もある。

◇

智恵 戦国を生き抜いた智将家康

ったからである。

滅亡の危機を救った家康の智恵

戦国武将は智恵者でなければならない。智恵によって身の危険を自ら救うなどもあったからである。

たとえば、すでに述べたことであるが、元亀三年（一五七二）十二月二十二日の三方ヶ原の戦いのとき、敗れて浜松城に逃げ帰った家康は、浜松城の城門を開け放ちにした。ふつうならばこのようなときは、城門を閉じて敵の攻撃に備えることになるが、家康の意表をついたこの行為にびっくりしたのは武田方であった。

「城中に伏兵がいるのかもしれない」あるいは、「城中に何か仕掛けがあるかもしれない」ということで、「うかつに手を出しては危ない」との結論に達し、城攻めをあえてしなかったのである。

実際は、これといった仕掛けがあったわけでもなく、伏兵がいたわけでもなかった。敵に、「これには何かワナがありそうだ」と思わせる智恵を働かせただけのことであった。おそらく、三方ヶ原の戦いで勝ちに乗った武田軍がそのままの勢いで浜松城になだれこんでいれば、家康はその時点で滅ぼされていたろう。家康の智恵が自らを救ったのである。

もっともこのとき、城門を開かせ、中に篝火《かがりび》をこうこうと焚かせ、太鼓の音を響かせていたのが酒井忠次だとして、「酒井の太鼓」の話として有名であるが、発案者が仮に酒井忠次だったとしても、智恵者を抱えていた家康の「徳」であった。

家康の師、雪斎

おそらく、そうした智恵は、子供のころから次第につみ重ねられたものであろう。家康に智恵をつけた人物として私は雪斎《せっさい》の名をあげたい。

ふつう、雪斎とよびならわしているが、雪斎というのは号で、正しくは太原崇孚《たいげんそうふ》という。また、死後、諡号《しごう》され、宝珠護国禅師《ほうじゅごこくぜんじ》ともよばれている。臨済宗妙心寺派の本山妙心寺の第三十五世にもなっている名僧である。

雪斎は、駿河国富士郡の善得寺、さらに京都の建仁寺に学び、途中で今川氏親の依頼によって氏親の子方菊丸《ほうぎくまる》（のちの義元）の養育にあたり、方菊丸をともなって建仁寺、さらに妙心寺に学び、方菊丸が家督をつぎ義元となってからは、もっぱらその補佐の任にあたり、軍師とか執権などともよばれていた。

義元の兄氏輝《うじてる》の菩提寺として建てられた臨済寺の住持となっているが、そのころ、駿府に「人質」となっていた竹千代に学問を教えたといわれているのである。

学問といえば、常識的に考えれば臨済宗なので「五山文学」を連想するが、雪斎が竹千代に教えたものは、どうやら「五山文学」のようなものではなかったらしい。兵法、すなわち軍学だったようである。

禅僧が兵法を身につけていたなどというと「そんなバカな」と反論をうけるかもしれないが、戦国時代の禅僧というのは、それより前の時代の禅僧とも、また、それよりあとの時代の禅僧ともちがっていた。

雪斎は、禅僧でありながら今川義元の軍師であった。事実、義元にかわって三河の侵略には自ら鎧を着し、馬に乗って戦いの第一線に赴いているのである。

また、当時、兵法書はいずれも中国からの輸入であり、武経七書《ぶけいしちしよ》といわれる「六韜《りくとう》」、

「三略《さんりやく》」、「孫子《そんし》」、「呉子《ごし》」、「司馬法《しばほう》」、「李衛公問対《りえいこうもんたい》」は、いずれも漢文で書かれており、「五山文学」で漢文に強かった臨済宗の僧侶たちにとっては、まさにお手のものだったのである。

では、竹千代が雪斎について勉強するきっかけは何だっただろうか。ふつうには、竹千代の側からの希望によって、義元がそれを了承したようにとらえられているが、私はむしろ逆だったのではないかと考えている。つまり、義元の命令によって雪斎について勉強するようになったのではなかろうか。

義元は、竹千代を単なる「人質」として考えていたのではなく、将来の三河の押さえ、いわば、「自分の片腕になってもらおう」という思いをもっていたのではないかと思われる。おそらく、雪斎もそのつもりで、義元の領国経営にとってプラスになる人材の育成を引き受けたことになろう。

雪斎に学んだ帝王学

ところで、竹千代は臨済寺に通って、雪斎からどのような教育をうけたのだろうか。どういう智恵をつけられたのだろうか。雪斎が亡くなるのは弘治元年（一五五五）のことなので、少なくとも竹千代は、九歳から十二歳までは雪斎の薫陶《くんとう》をうけた可能性がある。しかし、実際にどのような学問をしたのか、残念ながら記録はない。

室町時代に書かれた『世鏡抄《せきょうしょう》』という史料によれば、武士の子が寺でどのような教育をうけたか、今でいうカリキュラムがわかる。もちろん、臨済寺での例というわけではないが、当時の一般的な傾向をある程度うかがうことはできる。

それによれば、午前六時から九時までは経典の時間である。寺での教育ということからしても当然であろう。そのあと、十時から十二時までが手習《てならい》、午後一時から三時まで読書。そして午後四時から六時までが諸芸の時間となっている。諸芸にはいろいろなことが含まれ、武道訓練のほか、医学的知識の習得などもあった。将来、戦いで怪我をしたようなとき応急処置をするためにもある程度の医学的知識は必要だったのである。

さらに、午後七時から九時まで、和歌・物語・笛などの時間がとられており、朝から夜まで意外とびっしりスケジュールが組まれていたことがわかる。おそらく、竹千代も、読書の時間に兵法書などを読ませられ、諸芸の時間に剣術などの稽古をさせられていたものであろう。

もちろん、雪斎はもう一面で高僧でもあったので、単に兵法だけではなく、武将としての生き方なども竹千代に伝授したであろう。あくまで想像にすぎないが、竹千代の一生にかなり決定的な影響を与えたとみてまちがいないのではなかろうか。

下級家臣の名前と顔まで覚えていた驚異の記憶力

なお、智恵の点で忘れてならないのは、家康の記憶力のよさである。家康の記憶力が抜群だったことはいくつかの話が伝えられていることで明らかになるが、ここでは、記憶力のよさが、家康の将としての器を示すものだったという例を紹介しておこう。

慶長五年（一六〇〇）の関ヶ原の戦いのときのことであるが、『徳川実紀』附録十に、

十四日の晩がた黒田長政より、家臣毛屋主水もて言上の旨あり。御前へめし出し御物語あり。敵は何ばかりあらむと問せ給ふ。主水御陣の縁のはしによりながら、某が見し所にては二、三万もあらむかとおもはるゝと申す。そはおもひの外の小勢かな。外々の者は十万もあらむといふに、汝一人かく見つもりはいかにとあれば、仰のごとく総勢は十万余もあらむ（なれども、実に敵を持し者はわづか二、三万にすぎじといふ。こは金吾（小早川秀秋）、毛利の人々かねて御味方に参らむといふを

内々伝へ聞てかく申せしゆへ、君（家康）にも思召当らせ給へば、殊に御けしきにて、御前にありし饅頭の折を主水に賜ふ。主水戴き御縁に腰をかけながら、饅頭を悉くひつくしてまかりいでしなり。跡にて御側のものに、かれが本氏を尋置べきにと宣へば、毛屋主水と申す。いやとよ彼が毛屋を氏とせしは、越前の地名にてその本氏にあらず。毛屋にて軍功ありしゆへ、地名をもて氏とせしなりと仰せらる。末々の陪臣までの事をいかにして御心にとゞめられしとて、御強記の程を感じ奉れり。

とあり、家康が、黒田長政の家臣である毛屋主水《けやもんど》という侍が、越前の毛屋という所で戦功をあげ、そのため名を毛屋としたということを覚えていたというのである。直臣のことであればある程度当然としても、陪臣であるこのような侍のことまで記憶していたのである。家臣たちにしてみれば、家康に顔と名前を覚えられるというだけでも光栄であった。この点で家康はずい分得をしていたように思える。

決断 勝利を導く適確な判断力

★決断その①誰と結び誰と断つのか

食うか食われるかの戦国時代、ちょっとした油断をつかれて滅びていった家も少なくない。油断をしないまでも、少しの判断ミス、あるいは判断の遅れが命とりになるのが戦国時代である。

すばやく、しかも適確な判断を下す能力もまた、戦国武将としての器量をはかる〝ものさし〟になるとみてよいであろう。決断力の点で、家康はどうだったのだろうか。

決断の点で一番顕著なのは、家康が同盟者をどう選んだのかといった決断である。

永禄三年（一五六〇）五月十九日の桶狭間《おけはざま》の戦いまで、家康は今川義元の傘に入っていた。それが、義元の死によって、今川の手を離れるというわけであるから、家康にとって最大の決断であったろう。この決断をしたからこそ、家康は信長・秀吉の後継者になることができたわけで、その意味するところはきわめて大きかったといわざるをえない。

以下、この今川路線から織田路線への転換にあたっての家康の決断のありさまをくわしく追ってみよう。

桶狭間の戦場で、今川義元が殺されたあと、今川軍は散り散りになって退却を開始した。このころの戦いでは、総大将一人の死によって、全軍壊滅状態になるというケースがよくみられ、このときの今川軍の状況はまさにそれであった。

義元が殺されたなどということは知らない家康は、大高城《おおだか》の守備にあたっていた。そこへ、「義元殿討死」という思いもかけない報告が入ったのはその日の夕方だったといわれている。「早く退却しなければ命が危ない」と思う反面、「もし、それが織田方の策略だったとしたら、城を捨てて逃げたとして、義元から処罰される」という思いもあった。虚報ではないか、敵の謀略ではないかということを確認してから動く必要があった。

そのとき、家康が、「義元の死は疑いない事実である」と確信したのは、母於大《おだい》の方の兄、水野信元からの密書だったのではないかと思われる。家康は、その夜、大高城を出て東へ馬を走らせた。

翌二十日、岡崎へもどったが、岡崎城にはまだ今川勢が入っていた。そこで、城外の大樹寺に兵をおさめ、今川勢が岡崎城から出ていくのをみはからって城に入ったのである。

こうして、岡崎衆は、天文十八年（一五四九）に広忠が殺されて以来、実に、ほぼ十二年ぶりに主君を迎えることができたわけである。

義元の死後、今川の家督を継いだのは氏真《うじざね》であった。氏真は、義元の死より前に駿河支配にあたって文書を出したりしていて混乱はみられなかった。今川軍全体としてみれば、総大将の義元が死んだだけで、態勢はそのままであり、家康は氏真に対し、弔《とむら》い合戦をするよう勧めていたという。

氏真が、義元時代と同じように家康を駿府にもどそうとしていたのかということは史料的には明らかでなく、家康はそのまま岡崎城にふみとどまる形になった。ようやく、今川氏から独立することができたわけである。

もっとも、本当の意味での独立というわけにはいかなかった。妻の築山殿、長男の信康、それに生まれたばかりの長女亀姫の三人が駿府におり、家康の妻子だけでなく、重臣たちの妻子も駿府にいたからである。今度は、これら妻子が人質として抑留《よくりゆう》されるという形になってしまった。

いっぽう、信長の方の動きであるが、信長も家康に注目していた。初陣《ういじん》の働きといい、桶狭間の戦いのときの大高城兵糧入れや丸根砦攻めなどの活躍を知り、「敵にしておくわけにはいかない」と考えはじめた。もちろん、そうした家康の個人的資質だけではなく、信長にしてみれば、美濃の斎藤義龍と戦うために、背後の三河を安泰にしておく必要にせまられてのことではあったが、具体的に家康を味方につける方策を模索しはじめたのである。

家康の運命を変えた「清洲同盟」

信長が、家康と同盟を結ぼうと考えたのは、水野信元の進言を容《い》れたからだといわれている。前に述べたように、信元は、家康の母於大の方の兄である。家康の家臣石川数正のもとに、信長と家康の和睦の話を申し入れてきたのである。

ここにおいて、家康は従来通りの今川路線で行くか、今川と手を切り信長と同盟を結ぶかの二つに一つの決断をせまられることになった。

家康としても、信長が成長株であることはみてとっていたであろう。しかし、築山殿・信康・亀姫だけではなく、重臣たちの妻子が駿府にいる以上、うかつに動けないことも事実であった。形原松平家広・西郷正勝・菅沼定勝・菅沼定盈《さだみつ》といった、田峯《だみね》、長篠《ながしの》・野田方面の諸将があいついで今川を放れたとき、氏真は吉田城内に置いてあったこれら妻子を、城下の龍拈《りゆうねん》寺にひきだし、串刺《くしざし》の刑に処しているのである。

家康の妻子、重臣の妻子たちも、そのような目にあうことは火をみるよりも明らかであった。そうした危惧《きぐ》が家康の決断をにぶらせたのであろうが、ついに、永禄四年（一五六一）に至り、決断するに至った。「氏真と絶ち、信長と結ぶ」というものであった。ただ、残念ながら、この決断がいつなされたかの記録はない。その年の二月末ではないかと推定されるだけである。

『武徳編年集成』によると、翌永禄五年（一五六二）正月十五日、家康は清洲《きよす》城に信長を訪ね、具体的に同盟締結のはこびとなった。

そのとき信長は、「和儀早速御許諾欣然タリ、此上ハ両旗ヲ以テ天下一統スベシ、今ヨリ水魚ノ思ヲナシ、互ニ是ヲ救ン事柳モ偽リ有べカラズ」といって起請文を記し、牛王宝印《ごおうほういん》のつもりで紙に「牛」と書いて、それを三つにちぎり、信長・家康・信元の三人で茶碗の水に浮かべて飲んだという。

これについては、少し説明が必要だろう。お互いに約束ごとを取りきめたとき、「その約束には神に誓って絶対にそむきません」といって起請文をとりかわすのが通例であった。そのときに使われる料紙《りょうし》がふつう牛王宝印という印を捺した紙であった。一番有名なのは熊野那智大社などの牛王宝印であるが、牛王宝印の捺された紙の裏の白紙部分に約束ごとを記し、最後に、神々の名前を列挙し、「神かけて誓います」と約束したのである。

起請文の中に、よく、「血判起請文《けつぱんきしょうもん》」というのがある。約束ごとを書いて、最後の署名の部分に、刀で指を切り、その血をたらすもので、約束ごとを守る意思の強いことをあらわしたものである。

こうして作成された起請文は、そのまま証拠文書として保存されるケースもあったが、多くの場合、約束ごとをとりきめた当事者が見守るところでこの起請文を焼き、その灰を水に浮かべ、それを「神水」といってくみかわす習慣であった。

信長がこのとき、牛王宝印紙のつもりで、ただの紙に「牛」という字を書き、それを焼かずに、焼いたつもりで三つ切り裂き、水に浮かべて飲んだわけで、いかにも信長の合理的な考え方をあらわしていておもしろい。

このとき、信長と家康によって結ばれた同盟は、同盟が結ばれた土地の名をとって「清洲同盟」の名でよばれるが、この同盟は、信長が天正十年（一五八二）に本能寺で、明智光秀に殺されるまで守られたのである。

雪斎の教えを生かした人質救出作戦

今川氏真を離叛したことにより、家康はいつ築山殿・信康・亀姫が殺されるかが気がかりであった。ところが、築山殿は、今川の重臣関口義広の娘だという事情があり、簡単に殺すというわけにはいかず、ずるずると年月が経過していったのである。

家康は、何とか人質として取られている妻子を奪還できないものかと考えていた。そしてそのチャンスがめぐってきたのである。その年の二月四日のことであるが、家康は久松俊勝・松井忠次に命じ、三河西郡城主鵜殿長照《うどのながてる》を攻めさせた。鵜殿長照は今川の重臣の一人で、長照の妻は義元の妹といわれており、家康は長照の二人の子氏長と氏次を生けどりにしたのである。

太原雪斎の策略によって自らが人質交換された経験を家康はもののみごとにここで生かしているのである。生けどった二人の人質を石川数正が駿府に連行し、みごとに人質交換に成功したのである。こうして築山殿・信康・亀姫の三人は岡崎城に引きとられることになった。

へたをすれば、人質として駿府にとられていたこの三人は殺されるところであった。妻子を犠牲にすることも場合によってはいとわないという家康の決断のもと、全家臣団がついていったという側面もあったのではなかろうか。並の、なまはんかな決断ではないところに、将としての家康の器をみることができるわけである。

★決断その②「松平」から「徳川」への改姓

決断の点でつぎに注目されるのは、松平姓から徳川姓への改姓である。

家康が系図を作るよう指示したのは永禄九年（一五六六）のことという。三河国誓願寺に慶深《けいしん》という僧がいた。家康はこの慶深が関白近衛前久《このえさきまさ》と親しいという情報を得て、前久を動かし源氏に系統がつながる系図作りを依頼したものと思われる。

というのは、そのころ、家康は三河国の統一に成功し、三河の支配に乗り出したところで、朝廷から三河守に任官され、名実ともに三河の支配者になろうとしていたところだったからである。

祖父清康が、清和源氏新田氏の末商である世良田《せらだ》氏を名乗った先例を何とか使えないかと家康は考えていた。清康が自らを清和源氏に位置づけたのは、今川氏が清和源氏の足利庶流だったのに対抗しようとしたためと考えられるが、家康も、三河守に任官し、名実ともに三河国を支配していくために、松平ではなく、より血筋のよい源氏につなげていく必要性を感じたからだと思われる。

そこで、近衛前久が間に立ち、神祇官吉田兼右《かねみぎ》が、万里小路《までのこうじ》家から系図をさがし出

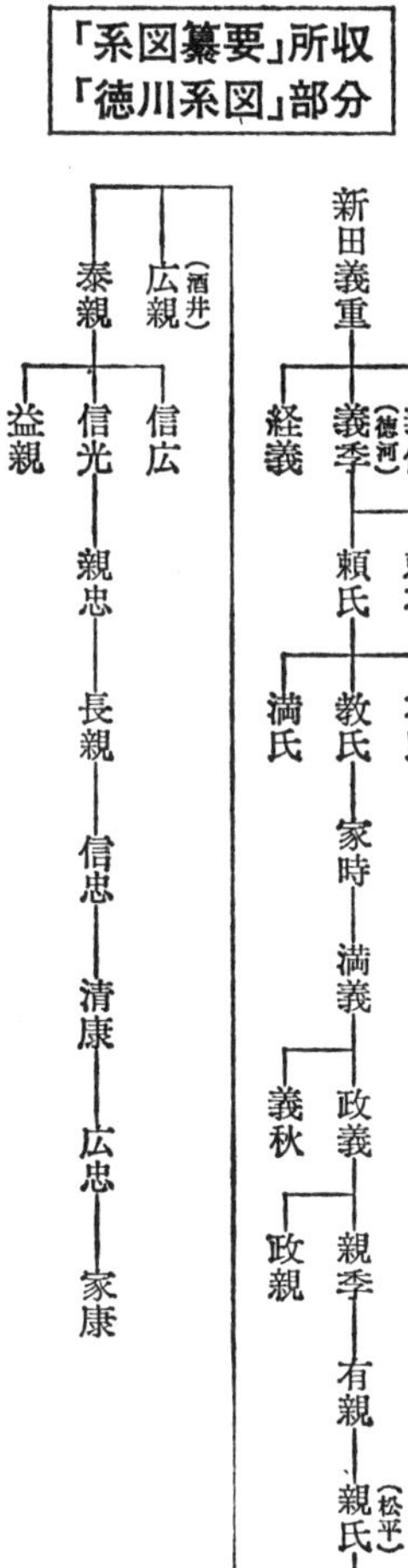

し、新田氏の一族徳川氏の系図なるものを提出したのである。家康は、この系図によって徳川家康となり、希望通り、永禄九年の十二月二十九日に従五位下・三河守に叙任された。

乞食坊主を源氏に結びつけた偽系図

では、作成された徳川氏の系図というものはどのような系図だったのだろうか。

新田義重に何人かの男子がおり、そのうち義季《よしとし》には得川《とくがわ》郷が与えられ、郷名をとって得川義季と名乗り、やがて徳川と改めたといわれ、この義季が初祖というわけである。

そのあと、頼氏――教氏――家時――満義――政義――親季――有親と続き、この有親は時宗の僧となり、子親氏とともに諸国をまわっていたという。親氏の僧侶時代の名は徳阿弥というわけである。

この徳阿弥が三河国加茂郡松平郷に至り、その地の豪族松平太郎左衛門信重の婿となり、そこではじめて松平親氏と名乗ったとする。そして、この親氏を松平初代に数え、以下、泰親――信光――親忠――長親――信忠――清康――広忠とつなげ、九代の家康に至るというわけである。

近世に成立した徳川氏関係史料では、家康のとき、松平から徳川に改姓したことを「復姓」と表現しているが、以上みてきたように、以前徳川であったものが三河へ流れて松平氏の入婿となり、再び徳川に復したという形をとったことにしているからである。

新田氏の末裔という徳川親氏、すなわち徳阿弥が、三河の土豪松平太郎左衛門信重の婿になったというあたりは、系図を徳川氏につなげるための作為であった可能性が強く、そのままに信用することはできない。要するに、三河の山間部松平郷の土豪であった松平氏が次第に勢力を大きくして、ついに戦国大名にまで発展したというわけで、家康のときに、叙位任官の必要から、源氏に血統がつながる徳川氏系図なるものが偽系図《にせけいず》として作成されたことになる。

しかし、極端ないい方をすれば、系図といわれるもののうち、八〇パーセントないし九〇パーセントぐらいは偽系図である。特に、代がさかのぼればさかのぼるほど作為の度合は高いものになり、そのままに信用することは危険だといわれている。確実なものは戦国期の五代ぐらいでしかないというケースが少なくない。

したがって、偽系図を作ったことは、とりたてて非難の対象とはなりえないわけである。むしろ、このときの家康の決断によって、将来、源氏として征夷大将軍になれた結果をこそ評価すべきではなかろうか。

★決断その③瞬時の決断力のさえ

さて、将の器として家康の決断をみてきたが、私自身が注目しているのはもう一点ある。咄嗟の判断、すなわち決断に、とりわけさえをみせていると感ずるのである。一例として慶長四年（一五九九）閏三月三日夜の事件をあげよう。

この日、五大老の一人前田利家が大坂城で歿した。それまで利家は五奉行の一人石田三成のよき理解者であった。利家の死により、それまで保たれていたバランスが崩れてしまったのである。

その夜、三成に反感をもつ七将、すなわち、加藤清正・黒田長政・浅野幸長・福島正則・池田輝政・細川忠興・加藤嘉明《よしあき》の七人が、三成を殺そうと、大坂の三成邸を襲撃した。もっとも、襲撃を未然に察知した三成は、かろうじて屋敷を脱し、伏見城に逃げ、家康に助けを求めてきたのである。「家康にはオレを殺せないだろう。捕えて七将に引き渡すこともないだろう」と考えた三成も先を読むことのできたすばらしい武将ということになるが、家康のこのときの決断も大きな意味をもった。

三成が逃げこんできたとき、家康は三成をどうするか、瞬時に決断をせまられたわけであるが、家康の頭脳のコンピュータは、あらゆるデータを総合し、結局、三成をかくまうという決断を下しているのである。

家康は、それこそ瞬時に、「今、三成を殺してしまっては、天下を取ることはむずかしくなる」と判断したわけであるが、「豊臣恩顧の大名を二つに割るために三成が必要だ」という思い、「将来、三成を挙兵させて、その機会に天下分け目の戦いにもっていこう」という計算をし、その上での決断だったのである。

よくいわれることであるが、たしかに、このとき家康が三成を殺してしまっていれば、豊臣大名は結束し、のちに関ヶ原の戦いのように、家康主導のもとでの戦いは仕掛けられなかったであろう。おそらく、他の武将であれば、先のことを計算するよりも、目先のエサにつられて三成を殺してしまったであろう。家康の決断が、他の武将よりも一歩も二歩もぬきん出ていたと考えるゆえんである。

戦国武将には特に適確な決断力が求められていたことはいうまでもない。一瞬の判断が勝敗に大きく関係したし、決断力の優劣が、かなり戦国武将の生き残りの成否を決めていた側面がある。

以上みてきたように、家康の場合も結果的にみれば、決断が必要なときに、常に適確な決断をしたからこそ、最終的な統一の覇者になりえたと思われるわけである。

★決断その④最大の賭け、「関ケ原の戦い」

もう一つの決断は、慶長五年（一六〇〇）の関ヶ原の戦いのときである。このとき、家康は、「自分が京・大坂を留守にすれば、石田三成が挙兵するはず」と考えた。しかし、それは考えてみれば、家康にとっては大きな賭けであった。三成を討つ正当な理由が得られなければ、秀頼の力を弱めることはできず、家康はそのまま五大老の一人として、秀頼の補佐にあたらなければならなかったところである。

なお、関ヶ原の戦いのとき、軍勢的には西軍が八万二〇〇〇で、東軍は七万四〇〇〇といわれており、西軍の方が人数は多い。しかも、まわりに西軍諸将が布陣しているのを承知で、関ヶ原中央部につっこんでいる。これも、家康の決断を雄弁に物語るものであろう。

情愛　家臣こそ我が宝

家臣、領民に慕われてこそ真の大将

戦国武将の器量をはかる〝ものさし〟として、もう一つ情愛がある。情愛といっても、妻や子供たち、すなわち家族に対する情愛ではなく、家臣たち、あるいは、さらに広く領民たちに対する情愛である。

『備前老人物語』という本に、「ある大名の宣《のたま》う、大も小も人をつかうには、人を使うと思うべからず、人に使わるると心得て、能く教え能く堪忍すべしと。」という部分がある。「ある大名」というのが誰であるかは不明であるが、「人を使う」ではなく、「人に使われる」という気持で上の者は下の者に接すべきだという考え方は、今日的にも意味をもつ考えといえそうである。

越前《えちぜん》の戦国大名朝倉氏景《うじかげ》の二男教景《のりかげ》（出家して宗滴《そうてき》と号す）が『朝倉宗滴話記《わき》』と

いう本を残しているが、その中に、

一、内之者には、おちられたるがわろく候、いかにも涙を流し、いとをしまれたるが本にて候由、昔より申伝候、左様に候はでは、大事之時身命《しんみよう》を捨《すて》、用に立ち難く候事。

とあり、「内之者」は家臣、「おちられたる」は、「恐れられる」の意である。つまり、家臣から恐れられるようではいけない、家臣から慕われるようでなければ本当の大将とはいえないという意味である。

家康が家臣たちを大事にしていたことはよく知られている。心底から、「家臣こそわが宝」と考えていた。

あるとき、大坂城か伏見城かどちらかと推定されるが、秀吉が諸大名たちと雑談していたことがあった。いつしか話は家宝のこととなり、それぞれ、大名たちは、「私の家にはこれこれの名物茶器があります」とか、「私の家宝は何々の名刀です」とか自慢しあっていた。

そこに家康もいたのだが、家康は終始だまっていた。それに気がついた秀吉が、三河守殿にも何か宝物があろう」と誘いかけてきたのである。

そのときの家康の答えはふるっている。

「私の家は三河の片田舎の出で、人に自慢できるような宝物などもっておりません。ただ、私のために命をなげうってくれる五〇〇ほどの家来がおります。これが私の宝です」

との内容であった。その座がしらけたことはいうまでもない。家康にしてみれば、たしかにそれが本心であったろう。

◉五章——

徹底分析！　家康勝利の秘密

◇思考性 発想の転換がつかんだ勝利

なぜ家康が最後の勝利者になりえたか？

家康は最終的に戦国の覇者になることができた。その時代を生きた戦国武将たちの「誰もが」といってもいいほど夢に描いた天下統一を家康はなしとげたわけである。

家康が最後の勝利者になりえた要因は何だったのだろうか。同じく天下統一を夢みた戦国武将たちと家康とを比較することによって、家康勝利の秘密をさぐってみることにしよう。

戦いを勝ち抜いた合理的発想

家康のものの考え方は、全体としてみれば、どちらかといえば保守的であった。その保守的な家康が、こと合戦になるとガラリとちがった態度をみせているのである。

このあたりの家康の発想の転換のみごとさ、戦いにかける執念の強さを指摘することができるわけであるが、具体例をあげつつみていくことにしよう。

関ヶ原の戦いのときのことである。会津討伐に向った家康が、「三成挙兵」の報を聞いて、ひとまず江戸城にもどり、三成と雌雄を決するときを待っていたが、出陣は、はじめ慶長五年（一六〇〇）八月二十六日を予定されていた。

ところが、上方の情勢がまだ思うように進んでいなかったこともあったのであろう。また、上杉景勝を牽制するのに思いのほか時間が必要だったのかもしれない。家康自身の出陣は九月一日に変更されている。

このとき、家康の家臣の一人の石川日向守が家康に向かい、「九月一日は西ふさがりの日ですので、大事な門出なのにいかがでしょうか」といって、出馬の日の変更を求めてきた。暦の上で、九月一日は「悪日《あくび》」にあたっていたわけである。

軍師は占い師といってもいいくらい、占卜《せんぼく》というものを重視していた。

ふつうならば、「さようか。では日のよいのはいつか」というところであるが、家康の答えはちがっていた。「西はすでにふさがっている。それを開けにいくのだから、西ふさがりの日で結構」というわけである。家康は迷信をものとせず、むしろ「勝機」こそが大事なのだと考え、九月一日に出陣したことになる。

迷信を打破したことは信長の場合にもみられ、秀吉の場合にもみられる。保守的な考え方をする家康も、この点については、信長、秀吉から大きな影響をうけていたということになろう。

他の戦国武将たちは、合戦にかかわる迷信やタブーというものを重視しており、そのために勝つべきいくさに負けたりもしているのである。家康にくらべれば、武田信玄・上杉謙信などは古いタイプの武将ということになる。

計画性 常に時代の先を読み、一歩一歩前進

先見性となすべきことを遂行する能力

永禄元年（一五五八）の初陣以来、家康の戦歴は、三方ヶ原の手痛い敗戦を除けば、いずれも輝かしいもので、それだけの結果から判断すると、「家康は軍神である」といった評価が与えられるかもしれない。

しかし、その家康の個々の戦いを詳細にみていくと、意外な事実が浮き彫りにされ

てくるのである。結論的にいってしまえば、家康は、「自分が勝てる」と思った相手とは戦うが、「戦っても勝ち目がないな」と思った相手とは戦わないという傾向が指摘できる。

「では、三方ヶ原の戦いはどうなんだ」といわれそうであるが、三方ヶ原の戦いは、家康にとってみれば不本意な戦い、できれば戦いたくはなかった戦いであった。信長のために、信長の時間かせぎのために、あえて無謀な戦いに挑まざるをえなかっただけで、自分から戦いを仕懸けたわけではなかったのである。

その意味では、家康は、『孫子』でいう、「彼を知り、己れを知れば百戦してあやうからず」という条項を最も実戦的に応用していた武将であったかもしれない。一言でいえば、家康の計画性が抜群だったということである。

将来、誰と戦うことになるのか、そして、その相手に勝てるようになるのは何年後なのか。家康は常にタイム・テーブルを考え、一歩一歩前進していたように考えられる。

この点は、先見性とも深くかかわってくるが、たとえば、家康がそれまでの駿・遠・三・甲・信の五ヶ国の大名から関八州に転封させられたとき、後北条氏の居城地小田原でもなく鎌倉でもなく、当時は、わずか人口二〇〇〇ほどでしかなかった江戸に本拠を定めたのも、たしかに、江戸を示唆したのは秀吉であったが、将来のことを計算し、計画的に江戸を本拠にしたのは家康の発想であった。家康には、時代の先を読む能力と、そのためになすべきことを遂行していく計画性が豊かであったことを物語っている。

戦国時代はよくいわれているように、先が読めない時代であった。戦国武将たちのほとんどは、先が読めずに苦労していたわけで、その点で、家康は資質としてすぐれたものをもっていたということになる。

武田勝頼は、最後まで木曽義昌が織田信長に通ずるなどということを考えなかったし、穴山梅雪が家康に降《くだ》ることも、小山田信茂が反旗をひるがえすことも読めなかった。武田勝頼は、その意味で、時代というより、人の心を読み切れずに家を滅ぼしていった典型的な例ということになろう。

◇

経済力　日常生活でひきしめ、軍事費として豊富に利用

勝つための節約家

戦国武将の時代は石高制ではなく貫高制であるが、最も戦国武将の時代に近い資料で石高がはっきりしているのは、秀吉の太閤検地《たいこうけんち》の結果による「慶長三年検地目録」である。

たとえば、上杉謙信で最大勢力の時代の石高をみると、越後。越中・能登、それに佐渡なので、

越後　三九万石
越中　三八万石
能登　二一万石
佐渡　一万七〇〇〇石

合計すると九九万七〇〇〇石となる。

武田信玄は、甲斐・信濃・西上野を領有し、駿河も領していたので、

甲斐　二二万七〇〇〇石
信濃　四〇万八〇〇〇石
西上野　二〇万石
駿河　一五万石

合計すると九八万五〇〇〇石となり、謙信、信玄はほぼ同じ石高であったことがうかがわれる。

もう一人、後北条氏であるが、後北条氏の領国は関八州といってはいるものの、氏康の段階をとると、

相模　一九万四〇〇〇石
武蔵　六六万七〇〇〇石
伊豆　六万九〇〇〇石

で、合計すれば九三万石となり、上杉謙信や武田信玄とそう変わりがないということがわかる。それらに対し、織田信長はどうだったのかとみると、

尾張　五六万石

美濃　　五四万石
伊勢　　五七万石

で、合計すると一六八万石となり、さらに、永禄十一年（一五六八）には近江七七万石が追加されて二四五万石になる。

信長が謙信や信玄を凌駕《りょうが》できた理由がそこにあるわけであるが、では、家康はどうだったのであろうか。五ヵ国時代は、

三河　　二九万石
遠江　　二五万五〇〇〇石
駿河　　一五万石
甲斐　　二二万七〇〇〇石
信濃　　四〇万八〇〇〇石

となって一三三万石で、謙信、信玄と大差ないが、小田原合戦後の関東移封とともない、およそ二五〇万石を領する大々名に成長しているのである。

しかも家康の場合、伊豆金山からの金の産出が大きく、幕府を開いて天下を掌握してからは佐渡金山からの産金も莫大な金額にのぼり、銀山なども直轄地としていたの

で、入ってくる金、銀、米は、他の戦国武将たちの追随を許さない絶対的なものとなっていったのである。

しかも家康は大の節約家であった。節約家などというと聞こえはいいが、ありていにいえばケチであった。

『駿河土産《するがみやげ》』という本におもしろいエピソードがある。あるときのこと、すでに将軍職を退いて、駿府に「隠居」したあとのことであるが、奥女中たちが家康に直訴したことがあった。

「毎日のお新香が塩辛すぎる。台所奉行に、塩分を少なめにするよう申しつけてほしい」というものであった。

家康はあまり深く考えず、「よしわかった、そのように伝えておこう」といって約束し、台所奉行常慶《じょうけい》をよんで、奥女中たちの要求を伝えた。すると、松下常慶は、「いまでさえ、奥女中たちはお新香をバリバリ食べてしまう。この上、もし塩分をひかえれば、どれだけ消費量がふえるかわかりません」というのである。家康は、「そうか、このままがいいな」といったという。駿府城のお新香の塩辛さはそのままであった。

これなどは、家康自身のケチの信念が、下にまでしみわたっていたことの例証になる話であるが、家康は、こうしたケチの積み重ねで財をなした点はみのがしてはならないと思われる。

時代はかなりずれて戦国初期になるが、後北条氏初代の北条早雲もケチであった。他国の大名が、「伊豆の早雲は針をも蔵に積むほどのケチであるが、いざ戦いとなれば、家宝の玉をもくだいて使う」と評しているほどである。家康のケチも同じで、日常生活でひきしめ、その蓄めたお金を軍事費として思いっきり使って勝利を得ていたのである。家康ほどお金の使いどころをわきまえていた戦国武将も珍らしい。

◆ブレーン　門閥よりも能力重視

適在適所主義をつらぬいた多彩な陣容

戦国武将の優劣は、極端ないい方をすれば、ブレーンの優劣によってきまるといってもいいのではないかと考えている。武田信玄が、いわゆる「武田二十四将」とよばれる重臣たちの〝和〟によってことを進めていた段階に黄金時代を形作り、その子勝頼が、そうした〝和〟を崩しはじめて衰退がはじまったことなどは、その象徴的な表現だったといってもよい。

上杉謙信もこれといったブレーンをもっていなかった。近江の浅井長政なども、ブレーンの一人磯野員昌《いそのかずまさ》が信長方に走ったことにより衰退がはじまっている。つまり、ブレーンの有無、その優劣が戦国武将そのものをかなり規定していたのである。

では、ブレーンの観点からみて信長はどうだったのだろうか。宣教師ルイス・フロイスは、信長と何度も直接会っているが、のちに、『日本史』という本を著わし、その中できわめて注目すべきことを叙述している。

一つは、家臣の忠言にまったく耳をかさなかったという点があり、もう一つは、信長が誰に対しても肩の上から話しかけたという点である。ふだん、いろいろなことを相談しあうようなブレーンがいなかったことを物語るわけである。しいてあげれば羽柴秀吉（のちの豊臣秀吉）・明智光秀がブレーンといえばいえなくもないが、むしろブレーンというよりは奉行といった感じで、信長に作戦を進言したり、信長からの諮問に答える立場としてのブレーンとは異質であったような印象をうける。

秀吉の場合には、石田三成がブレーンということになろうが、家康のブレーンである本多正信あたりとくらべると、やはり、まだ異質だったような感じである。

もっとも、いま私は家康のブレーンとして本多正信一人をあげたが、正信がブレーンとして頭角をあらわしてくるのは、天正十八年（一五九〇）の小田原攻め以後で、戦いが中心であった永禄・元亀、それに天正年代のはじめころまでは、本多重次とか、酒井忠次とか石川数正あたりをブレーンとよぶべきであろう。時代によってブレーンの顔ぶれはかわっているのである。

しかし、家康のブレーンの顔ぶれをみていると、他の戦国武将にくらべ、適材適所主義がつらぬかれていたとの感じをうける。門閥的な意識は、排除され、それこそ人物本位の登用がなされていたことを知ることができ、それは、出身母体が必ずしも武士だけに限定されていなかったこととあわせ、興味深い点である。

毛利元就《もとなり》や島津義弘あたりも、それなりにブレーンはもっていたが、家康の比ではない。

家康晩年近くのブレーンは実に多彩で、

政治部門　本多正純・成瀬正成・竹腰正信

財政部門　松平正綱・後藤光次
農村行政　伊奈忠次・大久保長安・彦坂元成
文教部門　林羅山
宗教部門　金地院崇伝《こんちいんすうでん》・神龍院梵舜《しんりゅういんぼんしゅん》・南光坊天海《なんこうぼうてんかい》
貿易部門　茶屋四郎次郎・角倉了以《すみのくらりょうい》

といった顔ぶれで、家康はこれらブレーンとの相談によってことを決していったのである。独裁者的イメージの家康は、実は独裁者ではなかったことは、この際、注目されてよい。

◇人生観・死生観　勝敗は時の運次第

「夢幻」の人生の中で願った「厭離穢土・欣求浄土」

戦国武将の人生観や死生観をみていて、まず気になるのは、彼らが、「後世自分はどう評されるのだろうか」ということを、ずいぶん気にしていたという点である。

日光東照宮

「うしろ指をさされるようなことはないだろうか」といったことを特に心配している傾向がある。これは、「名を惜しむ」といった意識と共通しているが、立派な戦い方をして「武名」をあげさえすれば、命そのものが早く失なわれても、名そのものは永遠に生き続け、その方が大切なのだという考えが中心であったことを物語っている。

戦国期、人生観・死生観のバック・ボーンとなっていたのは一種の「夢幻《ゆめまぼろし》」観である。信長が好んで口ずさんでいたという、謡曲「敦盛《あつもり》」の一節、

「人間五十年、下天《げてん》の中《うち》を較ぶれば、夢幻の　如くなり、ひとたび生《しょう》を受け、滅せぬもののあるべきか」

という言葉が有名で、これに代表されるといってよいが、常在戦場の武将たちにとって、まさに、「この世は夢幻の間」という意識に支配されていたことは疑いない。

たとえば、『大内義隆記』に、大内義隆の言葉として、「此の世は夢幻の間にて、来世の事は、億万劫《まんごう》ともなき事にて候也、」とあるが、これが、当時の武将たちの一般的な観念でもあったのである。

その意味では家康も例外ではありえなかった。『徳川実紀』附録巻二十三に、

軍陣は勇気を主としてきほいかゝるがよし。勝敗はその時の運次第と思うべし。かならず勝たんと期しても勝たれず。あながちに期せずして勝つ事もあり。あまり思慮に過ぐるはかえりて損なり。

という家康自身の言葉が引用されているが、「勝敗はその時の運次第と思ふべし」とあるところは注目される。時の運という考え方はいわゆる「天道《てんどう》思想」につながってくるからである。運が「天道のはからひ」で動かされるという意識、誰が天下をとることになるかも「天道のはからひ」であるという意識は、戦国武将たちの哲学であったが、家康は、この点においては、他の戦国武将たちとまったく同じラインに立っていたことがわかる。

ただ、家康は、「厭離穢土《おんりえど》・欣求浄土《ごんぐじょうど》」をスローガンとし、浄土宗の教えを思想的な背景にもっていたことは明らかである。しかし、この点でも、謙信の毘沙門《びしゃもん》信仰、信玄の不動明王《ふどうみょうおう》信仰と大差があるわけではない。

戦略・戦術　機が熟すまで待つ慎重さ

政略結婚も重要な戦略

ふつう、戦略・戦術と併称しているが、戦略は外交戦略などという表現もあるように大局的なものをいい、戦術は、戦闘の技術まで含む局部的なものをさしている。

家康は、信長と同じで、城攻めよりも野戦を得意とした。そのいい例が関ヶ原の戦いだろう。石田三成が大垣城に籠ってしまうと面倒だと考え、三成を関ヶ原におびき出すための流言を飛ばしており、これなどは、家康自身若いとき、武田信玄から三方ヶ原の戦いのときに学んだ戦法を応用している。

家康の戦略・戦術は彼の性格をそのまま反映して、慎重である。大坂城攻めにして

浜松城

も、機が熟すまではじっと待っており、無謀な戦いはしかけていない。もっとも、この点では信長も秀吉も家康とそう大きな差はないともいえるが、やはり、信長の場合、いう、天正十年の時点で、東に上杉、西に毛利と二つの大きな敵を同時に相手にしたのは無謀であったし、結果的にはその無謀さが信長の命を奪ってしまったといえなくもない。秀吉の場合も、文禄・慶長の役は無謀な戦いであった。

なお、外交戦略、すなわち講和戦略で三人を比較してみると、秀吉は、子供の数が少なかった分だけ、信長・家康にくらべ苦労しているし、劣っている。

信長がまだ若いころ、伊勢への進出に苦

労しているが、二男信雄を北畠《きたばたけ》、三男信孝を神戸《かんべ》氏という、それぞれ伊勢国の名族の名跡を継がせることによって力を浸透させることに成功しており、その他妹や娘たちを政略結婚の道具として十分に使っている。

家康もこの点では信長と同じで、娘たちは他国へ嫁がされたり、重臣に嫁がされたりしており、かなり有効に使っていたことがうかがわれる。

この点、秀吉は子供が少なかったことと、肉親も少なかったためどうしても制約があり、一歩も二歩も劣り、態勢固めの点ではどうしても弱さが露呈されてしまったことになる。

家臣団管理術　「外人部隊」もたくみに統率

合議制によって生かした人材

家康は、秀吉に輪をかけて滅びた大名たちの遺臣をどんどん採用している。徳川四天王に数えられる井伊直政は、今川氏の遺臣井伊直親の遺児であるし、その他、今川氏の遺臣で家康に仕えた者は多い。また、武田氏の遺臣、後北条氏の遺臣も多く、この点でも、人を殺した信長とは実に好対照である。

彼ら新参は、三河譜代からみれば「外人部隊」であるが、家康はそのことをあまり感じさせずに徳川家臣団内部にうまくとりこんでおり、そのあたりはさすがと思わせる。

もう一つ、家康の特徴は、家臣たちの意見を大事にしたという点である。軍評定などの場ではフリートーキングを基本にしていたし、本多正信ら側近との相談によってことを進めており、独断先行型の信長や、三成ら一部の取りまきによってさまざまな施策を遂行していた秀吉とはちょっとちがっている。その意味でも、最も人材を生かして使ったのは家康だったということになろう。

◇国家構想 祖先の旧法を守れ！

「祖法遵守」で強固な集権国家

家康は、信長および秀吉の革新的な考え方に対し、かなり保守的な考え方をもっていたことがうかがわれる。

たとえば、『武野燭談《ぶやしょくだん》』という史料に、家康の言葉としてつぎのような一文が収録されている（巻二）。

古へよりの政道を非に見る輩は、臣下は勿論、一門たりと雖も、邪を含むと知るべし。譬《たと》へば、尊氏以来数代の将軍執行《とりおこな》はれし政道を、細川・山名等が悖《もと》り破りし故に、足利将軍は　名ばかりにはなりぬ（中略）。先祖の行跡を非に見て家を失ひしは、足利家の内には、義持、父の政道を奢と見て、万事を改むる心から威勢次第に衰へたり。さる程に後代に至りては、公方将軍家の名はあれども、実無きが如く、諸国には覇将多く、京都終に衰微したり。武田勝頼、斎藤義龍など、品こそ変れ、先祖を非に見て家を破り身を失へり。

家康がいわんとしていることは一目瞭然で、「祖先の旧法を守れ、守らなければ家を滅ぼすぞ」と警告している。『徳川実紀』附録二十一は、「およそ大小とも祖父の旧法を変乱する者は、かならず災禍あるもの也。」と記してあり、家康の政治理念が「祖法遵守」であったことが明らかである。

もし仮に、戦国三大英雄がこの世にあらわれた順序がちがっていて、家康がトップバッターであったなら、戦国時代はあれほどの変革をみることはなかったであろう。信長・秀吉がある程度の大鉈《なた》をふるったあとなので、家康のように「祖法遵守」をモットーにしてもよかったわけである。

国家構想はいうまでもなく、将軍になって天下を支配するということであるが、室町幕府とちがって、家康の場合には、幕藩体制とよばれる、封建制の中でも最も強固といわれる体制を作りあげたところに特徴がある。それは、群雄割拠する分権国家から集権国家への一大転換をも意味したのである。

◉六章——

徳川家康——太平国家への総仕上げ

農本主義 農は国の基

「元和偃武《げんなえんぶ》」の太平国家を目指して

百年以上にわたって国内は戦乱状態が続いていたが、ようやく、関ヶ原の戦いおよび大坂の陣によって終止符がうたれることになった。

その後、明治維新まで二五〇年余り、島原の乱を除いて、国内では戦いらしい戦いはみられなかった。まさに、元和偃武《げんなえんぶ》の発想がすみずみまで貫徹したことの結果である。偃は「やめる」の意で、偃武は、「武をやめる」、つまり、「武力闘争を放棄する」ということである。

戦乱が姿を消したことによって、全人口の八割を越す農民たちは安心して農耕に精出すことができた。家康の国家作りの基本は、この農民たちに置かれていたのである。

「死《し》ぬ様に生《い》きぬ様に」

家康が確立した徳川幕藩体制は、農民からの年貢納入を基本的な財源とする石高制の社会であった。そのため、農民たちから、いかに年貢を収奪できるかが、幕藩体制の維持・存続のカギとなっていたのである。

『落穂集』といった本に、この点についての興味深い記述がある。家康が、「郷村百姓共をば、死《し》ぬ様に生《い》きぬ様にと合点致し、収納申付《もうしつく》る様」にといったというのである。「死ぬ様に」というのはわかるが、「生ぬ様に」というのはわかりにくい。生きるか死ぬかの瀬戸際の生活をさせようとねらったものであるが、家康の腹心の一人本多正信は、その著『本佐録』の中で、つぎのように説明している。

先《まず》一人々々の田地の境目をよく立て、さて一年の入用、作食《さくしき》を積らせて、其余りを年貢に取るべし、百姓は財の余らぬやうに不足なきやうに治《おさむ》ること道なり。

この説明で、「死ぬ様に生ぬ様に」の意味がわかってくる。つまり、農民たちからしぼりとれるだけ年貢をしぼりとり、本当に生きていくのに必要なだけの食料を残すのが基本方針だったというわけである。

では、家康は、なぜこのような農民を徹底的に収奪する方針をたてたのだろうか。

いくつかの理由が考えられるが、まず何といっても指摘されるのは、徹底した収奪によって農民にぎりぎりの生活をさせ、身分の固定をねらったという点である。

年貢を納めてもまだ米などに余裕があった場合、これをさきの『本佐録』の表現でいえば、「財が余る」という状態をいうが、農民に富が蓄積されれば、その富を資本投下して新田を開発したりして大規模な農民になっていくことにもなり、バランスが崩れてくるおそれがある。家康ら支配層にとってみれば、おとなしく年貢を納める小《こ》百姓《びゃくしょう》(小農民《しょうのうみん》)がたくさんいた方がいいと考えていた。そのため、ぎりぎり再生産が可能になる生活を強制したわけである。

もう一つの理由は、ぎりぎりの生活をさせることによって、「反権力」的な思考が芽ばえてくるような環境というか条件を作らせなかったという点である。

この点について、『校合雑記』という本におもしろいエピソードが載っているので紹介しておこう。家康は鷹狩りが好きで、よく鷹狩りに出かけた。出かけただけでなく、鷹狩りのときにいつもいい獲物が確保できるように態勢を整えており、鷹匠や鳥見の役人がしょっちゅう村々に入りこんでいた。

これら鷹匠や鳥見役人は家康というバックがあるのをいいことに、村に入れば威張りちらし、権力をかさに着て農民たちを押さえつけたりしていた。そこであるとき、家康のもとに、このことを訴え出た者があった。それに対する家康の答え方がふるっている。

家康は、「威張った方がよかろう。小役人でさえあれほど偉いのだから、その上役の権威は大変なものだとおそれるだろう。そうすれば、幕府に対して謀反をおこそうなどと考える者もいなくなる。百姓を気儘《きまま》にさせれば一揆を起こす基になる。」といって、一揆を未然に防ぐためにも、そうした下役人が威張るのを容認していたことがうかがわれる。

もっとも、家康はさらに続けて、「小役人や代官があまりに非道のふるまいをするのを見捨てておくと、これは百姓の難儀になる。難儀にならない程度に、そして気儘をさせないことが、百姓共への慈悲である。」といっている。ここに、さきの「郷村百姓共をば、死ぬ様に生ぬ様に」といったと同じ論理をよみとることができよう。

◆経済政策　ゴールド・ラッシュ

家康の遺産二〇〇万両

日本全国の総石高はおよそ一八〇〇万石であり、天下を盗った家康はその約四分の一の四〇〇万石を領し、他の大名に対して絶対的優位にたち、石高の点から、覇権を確立したということができる。

しかし、財源は何も米だけではない。金や銀の確保も、それに劣らず重要なポイントであった。この点で家康はどうだったのだろうか。

家康が五ヵ国時代に領有していた甲斐および駿河は、戦国時代に有数な金産出国であった。甲斐には武田氏以来の黒川金山などがあり、駿河にも今川氏以来の富士金山・安倍金山などがあり、かなりの産金量を誇っていた。しかも、家康にとっては運がよかったことに、それら金山からの産金が減少しはじめたころ、関八州へ転封されたことである。転封され、新しく家康の領国となった伊豆から、新しく金が産出されたことも家康にとっては好運であった。

これが伊豆金山とよばれるもので、田方郡の土肥《とい》金山・湯ケ島金山、賀茂郡の縄地《なわじ》金山で、大久保長安が奉行になってから、急速な繁栄をみている。

関ヶ原の戦い後、家康はそれまでの駿河や伊豆の金山だけでなく、権力にものをいわせて、全国のほとんどの金山、銀山を直轄地区とした。佐渡金山はもちろん、石見《いわみ》銀山（大森銀山）、生野《いくの》銀山などを直轄地とし、それらから上ってくる膨大な金銀を手に入れているのである。

当時、貿易で流通している銀は多くみつもって世界の銀の半分、少なくみても三分の一を占めていた。といわれるので、家康の財力の基礎に銀があったことは明らかである。

慶長八年（一六〇三）のヨーロッパ人宣教師の報告には、「内府（家康）は日本歴代の中の最も富裕なる君である。巨額の金銀を集積して、之がために、いたるところにおいて入に恐れられている。内府が京都にいるときの住居なる伏見の屋敷に、貨幣を貯蔵している蔵がある。その蔵の梁が、数日前に金の重みで折れて、一室陥落した。

その莫大なる財宝は、独り諸人よりの遺贈のみならず、主に日本にあるところの、おびただしい金銀の鉱山よりりきたるものである。内府はことごとく之を独占するのみならず、近頃漸次鉱山が発見されて、毎年非常の高を掘り出す。」と記されている。伏見城の金蔵が、金の重みで梁が折れ、陥落したというのだから、いかに蓄えられていたかがわかろう。

ちなみに、家康が駿府城で死んだとき、その遺産はいったん久能山の御金蔵に移された。そのため、現在でも、久能山に埋蔵金があるという伝説が静岡地方に伝わっているが、実際は、尾張・紀州・水戸の徳川御三家に分配されている。

その分配されたときの記録が「元和二年辰霜月廿一日久能山御金蔵金銀請取帳」という形で残っており、全部で金が四七一箱、銀が四九五三箱、ほかに銀銭入りの行李《こうり》が五五箱あったという。

これまでの研究によると、この額は一九四万一六〇〇両になり、だいたい二〇〇万両とみてよいとされる。しかしこの二〇〇万両というのは、家康が将軍職を秀忠に譲り、駿府に「隠居」した一〇年間に蓄えたものであるからさらに驚きである。ちなみに一両五万円で換算すると、家康の遺産は一千億円にもなる。

海外貿易で巨富を得た家康

家康が莫大な資産をかかえこんでいた理由はもう一つあった。積極的に海外貿易に乗り出したことである。もっとも、家康が海外貿易に目を開いていったのは、実は関ヶ原の戦い以後であった。

というのは、南蛮貿易といわれた当時の海外貿易の貿易港は、堺・博多および長崎というように、西日本にのみあり、それら地域はいずれも豊臣氏の直轄か、豊臣大名が支配するところで、家康の手がおよばず、家康自身も深い関心をもっていなかったからである。ところが、慶長五年（一六〇〇）、まさに関ヶ原の戦いの年にあたるが、オランダ船リーフデ号が豊後に漂着するということがあり、航海長ウィリアム・アダムスと航海士のヤン・ヨーステンが家康に招かれ、家康はこの二人の口から世界の情勢を聞き、貿易によって莫大な利益があがることを知り、特に、それまで日本貿易を支配してきたポルトガルを押さえ自ら海外貿易に乗り出すことを決意していったのである。

なお、家康がそう決意するに至った背景としてもう一人の外国人の名もあげておかなければならない。その人の名は、イスパニア系フランシスコ会士のヘロニモ・デ・

ヘズスである。彼は日本に潜伏していたところを捕えられたわけであるが、家康はこのヘズスから海外の状況などを聞いている。これが慶長四年（一五九九）なので、アダムスやヨーステンよりは先で、イスパニア領のルソンやノビスパニアとの貿易に目を開かされたことがうかがわれる。

ちなみに、ノビスパニアはヌエバ・イスパニアの縮まったもので、漢字では、濃毘数般などとも書かれるので、ノビスパンともよばれている。今のメキシコのことである。

当時のノビスパニアは、日本と並ぶ、世界有数の産銀国であり、家康は、貿易もさることながら、鉱山技術の導入などを図ろうとしていたことがうかがわれる。

いわゆる南蛮貿易は、地理的な条件から長崎が中心とならざるをえない。しかし、ノビスパニアとの貿易では関東の港、すなわち浦賀を中心に遂行でき、貿易を直接に支配することができると家康はふんでいたのであろう。

しかし、家康の意欲にもかかわらず、残念ながらイスパニアおよびノビスパニアとの貿易はうまく進展しなかった。それにかわって脚光をあびたのが長崎貿易だった。

現在、鎖国政策がはじまるまでに、朱印状をもった貿易船は、すなわち朱印船が渡海したのは、史料的に確認されるものを合計すると三五六隻におよんでおり、一年に平均すると二〇隻余となり、かなりの数であったことが明らかとなる。渡航先別にみると、交趾《コーチ》（ベトナムの中部以北）が七一隻で一番多く、以下、暹羅《シャム》（タイ）の五六隻、呂宋《ルソン》（フィリピン）の五四隻と続いている。

これらの南洋の地域には日本人町が作られ、暹羅のアユタヤでは、日本人町の頭領となって大活躍した山田長政の名などが知られている。関ヶ原浪人、大坂浪人などが海外へ渡っていたわけである。

家康は、この朱印船貿易によって莫大な利潤を得ていた。

◇大名統制策　謀反が不可能な体制作り

関ケ原の戦後処理

幕藩体制という、「世界史にもまれな」といわれるほどの組織だった封建制が確立された最大の理由は、やはり、家康が諸大名を統制することに成功したことであろう。いかに、石高の点で他の大名を凌駕し、金銀をたくさんもっていようとも、それはあくまで相対的な力関係のちがいにすぎず、きわめて危うい関係である。その点で家康は、実にみごとな大名統制を計画し実行している。

関ヶ原の戦いのとき、西軍に与《くみ》した大名はかなりの数におよんでいた。「天下分け目」というのが決して誇張ではなく、実際問題として国内の諸大名は東西両軍に二分されてしまった感があった。

家康が関ヶ原の戦い後、きわめて短期間に豊臣政権を簒奪することができたのは、戦後処理をスムースに、しかも効果的に進めることができたからであった。

西軍に属したため、改易されてしまった大名は八八家にもおよび、その所領の合計は四一六万一〇八四石に達し、また、減封処分にあったものが五家で、その所領高は二一六万三一一〇石になり、合わせて九三家、六三二万四一九四石という膨大な数字がはじき出される（藤野保『新訂幕藩体制史の研究』）。

家康は、関ヶ原の戦いという一回の戦いで、この六三二万石余の石高を再配分する権利を得たわけである。西軍の大名を取りつぶしたこともさることながら、再配分の主導権を家康が握ったということに大きな意味があるわけである。

再配分にあたって、家康が考えていた基本方針は三つあったと思われる。以下、その一つひとつについてみておくことにしよう。

まず第一は、家康自身が、自分の直轄領をふやしている点である。関ヶ原の戦い以前、家康は関東でおよそ二五〇万石を領していた。これはいうまでもなく豊臣家につぐ第二位の高い石高ということになるが、たとえば、毛利輝元が一二〇万五〇〇〇石で、上杉景勝が一二〇万石、この二人があわされば、ほぼ家康に匹敵する石高になってしまう。

家康自身は、「これでは危ない」と考えたのだろう。そこで思いきり石高をふやし、約四〇〇万石にふやしているのである。これだけの石高をもてば、かなりの数の旗本も養うことができ、軍事力の面からも、他大名を圧倒する絶対的な力が確保されることになる。このことによって、家康は、どちらかといえば相対的に優位な関係というだけにしかすぎなかった諸大名との間に絶対的に優位な状況を作り出すことができたのである。

基本方針の第二は、譜代大名の数を大幅にふやしたことである。関ヶ原の戦い以前にも、一万石以上の石高をもつ家康家臣は四〇家あった。しかし、これら大名は家康の「家人《けにん》大名」であり、付庸《ふよう》大名ともよばれ、独立した大名とはみなされていなかった。それが関ヶ原の戦い後は独立を認められ、文字通り一人前の大名としての扱いをうけるようになり、石高もふやされ、大きな力をもつようになった。

しかも、関ヶ原の戦いの後、新たに二八家が譜代大名として取りたてられ、徳川一門を含め六八家が譜代大名となったわけである。

家康はその譜代大名の配置にもかなり気を使っており、関東に譜代大名の中でも小藩を配置し、要所には、譜代大名の中でも比較的石高が高い大名や一門を置いている。

家康の基本方針の第三は、外様大名、すなわち、豊臣系大名で東軍に属した大名たちを江戸から遠くへ飛ばしている点である。ただ飛ばしただけだと、それら大名たちから不満が出てくることが予想され、家康はそのあたりも巧みに計算に入れ、加増をしてやりながら遠くへ転封しているのである。

もっとも、はじめから僻遠の地にあった大名の場合、たとえば出羽山形の最上義光《もがみよしあき》、肥後熊本の加藤清正などは、そのまま同じ場所にとどまり加増をうけている。

つまり、江戸時代の大名配置の基本である親藩・譜代・外様の大名配置の原型がここにできあがったわけで、家康の大名統制がみごとに集約されている。

ところで、譜代大名と外様大名の石高に関してもう一点、指摘しておきたいことがある。それは、幕府の政治を実際に担当する老中《ろうじゅう》とか若年寄《わかどしより》、さらに各種の奉行など、いわゆる高級官僚にあたるものは、すべて譜代大名から選ばれ、外様大名は一人として幕政にタッチさせていないことである。この点を坂田吉雄氏は「権ある者は禄少く、禄ある者は権少く」（『明治維新史』）とまとめているが、外様大名で最も石高の多い加賀の前田氏は一〇〇万石を越えていたが、「禄」はあっても「権」はゼロであった。逆に、譜代小藩の大名など、石高は二万石ぐらいでも老中になり、幕政を牛耳ったりしていた。この場合、「権」は大きいが、「禄」は低い。

つまり、家康は、あらかじめ、「権」と「禄」が集中することのマイナス面を考えており、そうした「権」と「禄」が集中し、独裁者が生まれてくる可能性を未然に防止しようとしていたことがわかる。

外様大名の軍資金を使わせる

関ヶ原の戦い後、以上みてきた大名配置とともに、家康が最も頭を使ったのは、外様大名の軍資金をいかにはき出させるかであった。関ヶ原の戦いに勝ったとはいっても、依然として大坂城には豊臣秀頼がいる。仮に、西国の外様大名が連合し、秀頼を擁して家康との戦いに立ちあがるということにでもなれば、また関ヶ原クラスの大きな戦いをしなければならなくなることは目にみえていた。

そこで、西国の外様大名たちに、「もう謀反《むほん》などできない」と思わせるほど、諸大名たちが蓄えてある軍資金を使い切らせてしまうことが何としても必要であった。従順な幕藩大名とするため、大名に対しても、「生《いき》ぬ様《ようし》死《な》ぬ様」という方針がとられたわけである。

大名たちの軍資金をはき出させるためにはやはり、それなりの理由が必要であった。そこで家康がとった策は大土木工事に大名を動員させることであった。いわゆる「天《てん》下普請《かぶしん》」で、大名たちに手伝わせることから手伝い普請などともよばれている。これは家康の創見ではなく、すでに秀吉がこの方式で大坂城を築城したりしているので、家康は秀吉のやり方をそのまま踏襲したことになる。

慶長七年（一六〇二）五月一日から二条城の築城工事が天下普請ではじめられ、ちょうど一月遅れで六月一日から、伏見城の修築工事がやはり天下普請ではじめられた。二条城は、家康が、将軍宣下《せんげ》をうける、そのセレモニーの場として築かれたもので、これは、秀吉が関白の政庁として聚楽第《じゅらくてい》を築いたのと同じ発想で、家康の方は、将軍になることを想定し、将軍として、対朝廷交渉の場として二条城の築城に踏み切ったものと考えられる。

伏見城の方は、秀吉が築いた城であったが、関ヶ原の戦いのとき、留守として残った鳥居元忠が玉砕した城で、その修築というものであった。しかし、家康の本心は、それまでの豊臣色を一掃し、伏見城を徳川氏の城に塗りかえることが目的であった。

そればかりか、二条城・伏見城が大坂方を監視する城となったことも注目されるところである。家康は、名古屋城・彦根城・伊賀上野城・二条城・伏見城・篠山城などで、大坂城を包囲する体制を築きあげた。

大坂城の金銀を浪費させた社寺建立の勧め

さて家康は、外様大名とともに、秀頼そのものにも軍資金を使わせてしまおうと考えていた。しかし、秀頼に対しては天下普請に他の大名たちと同じように動員させるというわけにはいかなかった。

そこで考えられたのが、秀吉の追善供養を名目とした社寺建立を勧めるということであった。

家康遺訓、実は水戸黄門の作

人の一生は重荷を負て遠き道をゆくがごとし。いそぐべからず。不自由を常とおもへば不足なし。こゝろに望おこらば、困窮したる時を思ひ出すべし。堪忍は無事長久の基。いかりは敵とおもへ。勝事ばかり知りて、まくる事をしらざれば、害其身にいたる。おのれを責て、人をせむるな。及ざるは過たるよりまされり。

これは家康の遺訓として知られる全文である。幼時の人質体験、信長、秀吉のもとでの長い下積み生活など、どれをとっても、ここでいう「重荷を負て遠き道をゆく」ような状況であり、まさに、ここに記されていることがらは、家康の生活からにじみ出た信条であったことになる。

したがって、この家康遺訓は家康のものと信じている人が多い。しかし残念ながらこれは後世の偽作である。

このもとになったのは、水戸黄門、すなわち徳川光圀の「人のいましめ」という教訓がもとになっている。「人のいましめ」は、

人の一生は重荷を負ひて、遠き道を越行か如し、いそくへからす。怠るへからす。不自由を常に思へは、足らさる事なし。心に望み浮まゝ、困窮したる時をおもひ出すへし。勤る事苦労におもはゝ、戦国に生れたる人をもひ計るへし。堪忍は無事長久のもと、怒りは敵をもとむる種。勝つ事を知りて負る事をしらねは、禍其身に至る。交りを結ふには、

己を責て人を責す。人を懐《なつく》るは仁にあり。信を失はさるは物を内場にするにあり。義に違はさるは我を捨るにあり。

となっており、明らかに、この「人のいましめ」を下敷きにして、いわゆる家康遺訓が作られていたことがわかる。

それがいつのまにか「神君御遺訓」とされるようになったわけであるが、現在、久能山・日光などの東照宮に俵わる家康遺訓の筆者を池田松之助という旧幕臣であるとつきとめたのは、徳川美術館々長の徳川義宣民である（「徳川家康遺訓〈人の一生は〉について」『金鯱叢書』第九輯）。

とにかく、秀吉が大坂城の金蔵に秀頼のために遺した分銅金は膨大な量にのぼっており、それを使わせることが、秀頼をはじめとする大坂方を骨抜きにする手っとり早い方法と考えられていたのである。

今日、畿内だけに限ってみても、秀頼が復興した社寺は六〇余ヵ所にのぼっている（『市立長浜城歴史博物館企画展示№6—片桐且元』）。それらにどのくらいの金が費やされたかはわからないが、とにかく相当な量にのぼったであろうことは容易に想像される。

しかも、大坂の陣の直接的な引き金になった方広寺の大仏および大仏殿などもあり、秀吉が大坂城に蓄えておいた金銀が湯水のごとく使われたことは疑問の余地がない。

宗教政策 弾圧と懐柔

キリシタン禁圧

秀吉が天正十五年（一五八七）にバテレン追放令という形でキリスト教の弾圧に乗

り出したことはよく知られている。文禄三年（一五九四）、慶長元年（一五九六）と、秀吉は長崎でキリシタンを処刑しており、貿易とキリスト教の布教とは別だという態度で臨んでいた。

そのあとを継いだ家康も、基本線では「キリスト教は好ましくないが、貿易は奨励したい」と考えていた。特に、潜伏中のイスパニア系フランシスコ会士ヘロニモ・デ・ヘズスから話を聞いた家康は、ノビスパニアとの貿易に意欲をみせるようになり、秀吉の時代とはちがって、キリシタンはある程度野放しの状態におかれ、家康は貿易のために、キリシタンの布教に目をつぶっていた。

このことが結果的にはキリシタンの復活となり、一時は秀吉の弾圧によって影をひそめていたキリシタンも、慶長十五年（一六一〇）には、全国でキリシタンは七〇万人にも達していたといわれる。

その家康が、慶長十七年（一六一二）三月、突然、キリシタンの禁圧に踏み切っているのである。では、その理由はいったい何だったのだろうか。

理由はいくつかある。最大の理由は、慶長十年代に入ってキリシタンが急増しはじめたことに対し、家康を頂点とする支配者層が次第に危機感をもちはじめたことである。「日本西教史」によると、慶長十一年（一六〇六）の一年間の受洗者が八〇〇〇人を数え、日に日に増加していく状況であった。キリスト教の教えは、神のもとにおける平等を説くなど、封建的主従原理を否定するものであり、また、その団結力の強さも家康らにとっては脅威であった。

そのころ、家康をとりまく文化人としては、金地院崇伝《こんちいんすうでん》・南光坊天海といった仏教者のほか、神龍院梵舜や林羅山といった神職・儒者がおり、彼らの考え方はキリスト教とは相容れないものであり、家康も、目先の貿易の利を追ってキリシタンを容認していたが、ついに、限界がきたものと考えられる。その限界が慶長十七年であった。

もっとも、この年の禁教令は、江戸、駿府、京都、長崎など幕府の直轄領だけを対象としたものだったが、翌慶長十八年には、それを全国に及ぼしている。

この点で注目されるのは、慶長十六年（一六一一）年四月に、イスパニアの答礼使として日本に上陸したビスカイノの存在である。ビスカイノは、幕府と交渉し、「通商貿易に便利な良港をさがす」ということで許可を得て、江戸から仙台あたりの海岸線を測量したが、実は、それは口実で、ビスカイノの本当の目的は、日本近海にあると伝えられていた金銀島の探検だったといわれている。

金銀島がないことがわかったビスカイノはさっさと本国に帰っていってしまった。もっとも、その船は途中で難破し日本にもどってしまったのであるが、家康にしてみれば、イスパニアの真意が実は貿易にあるのではなく、領土的野心にあることに気がついたということになり、キリシタン禁教令が全国に及ぼされる決定的な理由とされている。

そのほか、そのころ家康に優遇されていたウィリアム・アダムス、ヤン・ヨーステンらの新教国オランダやイギリスと、旧教国ポルトガル・イスパニアとの間に争いがあったことも一つの要因であったろう。

岡本大八事件

従来から、キリシタン禁圧の導火線の一つとされているのが岡本大八事件といわれるものである。岡本大八がキリシタンであったことは事実であり、彼が駿府郊外安倍川の河原で火あぶりになったまさにその日、キリシタン禁教令が出されていることからすれば、両者の間に何らかの関連があったととらえることは自然であろう。

岡本大八事件といわれるのは、つぎのようなものである。

大八は家康の側近本多正純《まさずみ》の与力《よりき》であった。九州の大名有馬晴信に、慶長十四年（一六〇九）におきたマードレ・デ・デウス号事件の恩賞があるといってその斡旋料のような形で金品を受けとった。ところが、いつまでたっても恩賞がないので晴信が訴え、大八の詐欺ということが暴露され、大八は獄につながれてしまったのである。ところが、今度は獄中から大八が、かつて晴信が長崎奉行の長谷川藤広を暗殺しようとしたことがあると訴え、二人は駿府の大久保長安邸で対決させられた。その結果、晴信も申し開きができず、領地を没収され、自殺に追いこまれ、大八は、さきに述べたように安倍川の河原で火あぶりにされたわけである。

晴信はキリシタン大名であり、大八もキリシタンであり、家康が、キリシタン禁教令を出す一つの契機になったことはまちがいないであろう。しかし、それがすべてであったとは思えない。やはり、根底には、キリスト教の教義そのものに対する恐れがあったものと思われる。

文教政策のブレーン・天海と崇伝

天海は天文五年（一五三六）、会津で生まれたといわれている。歿年が寛永二十年

（一六四三）なので、享年百八歳ということになる。一説には百三十四歳ともいわれており、いずれにせよ、その時代としては稀にみる長命だったことは確かだろう。天台宗の僧であるが、宗・法相宗《ほうそう》・三論宗《きんろん》・禅宗を学び、儒学も身につけていた。家康との関係がいつからかという点については諸説あり、一つは、天正十七年（一五八九）、家康に謁して帰依をうけるようになったといい、また、それは翌天正十八年だったともいわれている。さらに、「東叡山開山慈眼大師伝記」では、はるかに遅れて慶長十三年（一六〇八）、すでに大御所になっていた家康に謁し、その信任をうけるようになったとしている。

天海僧正座像

天海は天正十六年（一五八八）から武蔵川越の無量寿寺の住職となっており、のち、この無量寿寺が喜多《きた》院と改称され、本山の比叡山をしのぐ特権をもつようになったことからすれば、天正十八年に家康が関東に入ったとき、天海との結びつきができたと考えることができよう。天海は、さらに、日光山の貫主として光明院の座主にも任ぜられ、喜多院、日光山を宰することになり、これがのち、家康の久能山から日光山への改葬の伏線となり、日光東照宮の出発点となるわけである。

家康は天海の碩徳《せきとく》ぶりを高く評価し、祈禱の力量を求めたということができる。のち、寛永元年（一六二四）になるが、秀忠の命によって江戸上野忍ヶ岡に東叡山寛永寺を創建し、その開山となっている。

さて、もう一人の金地院崇伝であるが、以心《いしん》崇伝の名で知られている。金地院は、京都南禅寺《なんぜんじ》の塔頭《たっちゅう》で、崇伝がそこに住んでいたためその名がある。名前の通り、臨済宗の僧であった。

金地院崇伝画像
（南禅寺・金地院蔵）

家康に仕えるようになったのは慶長十三年（一六〇八）であり、大御所時代の家康の寺社関係、それに外交関係の実務を担当することから信頼され、いつしか〝黒衣の宰相〟などとよばれる政僧となっていったのである。

崇伝が外交関係の実務を担当することになったのは、禅僧が五山文学に明らかなように漢詩文に通じていたことが一つの大きな理由であった。外交文書の起草、翻訳に禅僧のもつ知識が必要だったからである。

◆後継者政策　国家作りの総仕上げ

秀忠を世子とする

単なる後継者選びを、わざわざ「後継者政策」などというのは、やや大げさかもしれない。しかし、信長にしても秀吉にしても、せっかく天下統一をかなりなまでやりとげながら、それを維持できなかったのは、後継者に対する手のうち方が不完全だったからにほかならない。家康はそうした二人の先例を目のあたりにしていたため、いわば「前車の轍を踏まず」といった意識から、家康はかなり早くから後継者を誰にするかについて考えていたようである。

家康には、正式な記録に残っているだけでも十一人の男子、五人の女子がいた。あとつぎとして女子は問題にならないので、十一人の男子について列挙してみよう。

長男　信康　永禄二年（一五五九）の生まれで、家康の後継者とみなされ、岡崎城をまかされていたが、天正七年（一五七九）、甲斐の武田勝頼と通じているとの疑いをかけられ、信長の命によって自刃している。母は正室築山殿。

二男　秀康　天正二年（一五七四）の生まれ。母は築山殿の侍女お万の方。誕生後しばらくの間認知してもらえなかった。幼名於義丸。天正十二年（一五八四）、秀吉の養子として大坂に送られ、徳川家を出た形となり、のち、天正十八年（一五九〇）、結城氏の養子として出され、結城秀康となった。

三男　秀忠　天正七年（一五七九）、家康の側室西郷局から生まれた。信康が自刃し、秀康が豊臣家に養子に出されていたので、三男ながら長男の位置にあった。

四男　忠吉　天正八年（一五八〇）、秀忠の同母弟として生まれる。関ヶ原の戦いのときには第一線で活躍している。

五男　信吉　天正十一年（一五八三）の生まれ。武田信吉と名乗ったが、慶長八年（一六〇三）、二十一歳の若さで没している。

六男　忠輝　文禄元年（一五九二）の生まれ。越後高田を領して越後少将、信濃川中島を領して川中島少将などとよばれたが、家康には嫌われていた。伊達政宗の女婿となっている。大坂の陣後所領を没収される。

七男　仙千代　文禄三年（一五九四）の生まれ。慶長四年（一五九九）六歳で早世。

八男　松千代　文禄四年（一五九五）の生まれ。慶長五年（一六〇〇）六歳で早世。

九男　義直　慶長五年（一六〇〇）の生まれ。慶長十二年（一六〇七）、尾張国六〇万石の領主となり、のち徳川御三家の一つ尾張家の祖となる。

十男　頼宣　慶長七年（一六〇二）の生まれ。慶長十四年（一六〇九）、駿河・遠江において五〇万石を領し、家康死後、駿府城主となり、のち元和五年（一六一九）、紀伊国五五万五〇〇〇石に移り、同じく徳川御三家の一つ紀州家の祖となる。

十一男　頼房　慶長八年（一六〇三）の生まれ。水戸藩主となり、やはり徳川御三家の一つ水戸徳川家の祖となった。

これら十一人の男子から、家康は世子《せし》を選ぶわけであるが、長男信康は自刃しており、早世してしまった七男仙千代、八男松千代をはじめ、慶長五年以後の生まれの九男義直、十男頼宣、十一男頼房は問題とならない。

したがって、世子候補としては、二男秀康、三男秀忠、四男忠吉、五男信吉、六男忠輝のうちの誰かということになる。

二男、秀康の出生を疑っていた家康

この内で一番問題になるのは、二男秀康である。信康が自刃したあと、年齢順でいえばこの秀康があとつぎになるのが当然であった。しかし、当時は、長幼の序ということはあまり問題とされず、むしろ、家督は親の目からみて一番器量のある子に譲られるのがふつうであった。家康は、秀康よりも秀忠に軍配を上げたのである。

理由は二つあったと思われる。一つは、秀康が、天正十二年の秀吉との講和のとき、養子として、実際は人質として豊臣家に送りこまれていたという点である。つまり、家康の手もとで育てられ、実際に家康から帝王学の伝授をうけた秀忠との差がマイナスとなったわけである。

もう一つは、家康は、秀康の出生を疑っていたという点である。「秀康は自分の子でないかもしれない」という思いがいつまでもつきまとっていたのではないだろうか。

秀康が生まれたころの家康の居城は浜松城であるが、そのころの浜松城には、まだ、のち男子禁制がきびしく守られるようになった「大奥」のような制度はなく、家康としてみれば、「果たして秀康はオレの子種か」と悩むだけの理由はあったのである。

というのは、当時、布教のために日本にきていたヨーロッパ人宣教師たちの目にも、日本の女性はかなり淫らなものとして映っていたことがはっきりするからである。たとえば、ルイス・フロイスは、その著『日本覚書』の中で、
ヨーロッパでは、未婚女性の最高の栄誉と財産は貞操であり、純潔が犯されないことである。日本の女性は処女の純潔をなんら重んじない。それを欠いても、栄誉も結婚（する資格）も失いはしない。

と述べている（松田毅一、E・ヨリッセン『フロイスの日本覚書』）。

秀康を生んだお万は奔放な女性だったともいわれているので、家康は秀康が確実に自分の子であるという確信がもてなかったものであろう。

家康は、二男秀康、三男秀忠、四男忠吉の三人から家督を選ぼうと考えていたようである。その時期は関ヶ原の戦い後であった。嫡子の扱いをしていた秀忠が肝心の関ヶ原の戦いに間に

徳川秀忠画像

あわないという失態を演じてしまったため、自信をなくしたのか、家臣たちの意見を聴取することがあった。

『徳川実紀』では慶長五年（一六〇〇）の秋のこととしているので、おそらく関ヶ原の戦い直後のことと思われる。家康は重臣の井伊直政・本多忠勝・本多正信・大久保忠隣らを集め、誰を世子にしたらよいかと意見をいわせている。

本多正信は秀康を推した。井伊直政は忠吉、大久保忠隣は秀忠を推し、重臣たちの意見は割れた。家康は、そのときは自分の意見をいわず、重臣たちの意見を聞いただけで、後日、「秀忠に決めた」と報告しているのである。

しかし、家康が秀忠を世子に内定していたのはかなり早い。たとえば、すでに天正十一年（一五八三）の正月のことになるが、家康が正月の祝賀を、秀忠とならんで受けている事実があり、すでにこのとき、家康は秀忠をあとつぎにするつもりだったといわれている。

秀吉が朝鮮へ出兵した文禄の役のとき、家康は秀吉の命をうけて肥前名護屋まで出陣しており、その間、江戸城を留守にしていた。家康は江戸城の普請中だったが、秀忠が江戸城におり、立派に留守の役目を果たしており、秀忠が後継者として選ばれることは衆目の一致するところであった。

その点からすると関ヶ原の戦いのあと、家康が家臣たちの意見を徴したのは、一つの形式だったのかもしれない。

家康隠退劇の真相

家康は慶長八年（一六〇三）、待望の征夷大将軍の宣下をうけたが、わずか二年で退き、秀忠に将軍職を譲っている。すなわち、隠退である。慶長十年、家康は六十四歳になっているので、今日のサラリーマンの定年を考えあわせても、第一線を退くには妥当な年齢ということになる。しかし、このときの家康の隠退劇は、そのような通り一遍のものではなかったのである。家康流の深謀遠慮があったことをみないわけにはいかない。

というのは、家康が将軍になっても、秀頼・淀殿をはじめとする大坂方は、「それは家康一代かぎりのこと」と比較的冷静にうけとめていた。あくまで、家康は「天下の家老」と位置づけていたので、家康が死ねば、自然に政権は秀頼のもとにもどってくると考えていたのである。家康が一歳年とれば、秀頼も一歳年をとる。このあたりまえのことが、次第に家康の気持を重いものにしていった。自分が年をとればとるだけ、秀頼が青年武将に成長していったからである。そこで考えついたのが、隠退劇であった。自ら隠居し、子の秀忠を将軍にすることによって、政権は徳川家が世襲するものであること、秀頼に政権を渡す意志のないことを内外に宣言する形になったのである。

『徳川実紀』は、秀忠のことを、「御幼齢より仁孝恭謙の徳そなわらせ給い、何ごとも父君の御庭訓をかしこみ守らせられ、よろず御旨に露たがわせ給わで、いささかも縦恣《しょうし》の御挙動おわしまさざりき」と評しているが、家康にしても、これからは武勇一点張りの人物よりも、むしろ政治家タイプの人物の方があとつぎとして適していると判断したのであろう。このあたり、秀康・秀忠・忠吉の三人の中では、保守的な家康の考え方に、秀忠がぴったりだったということである。

さて、将軍職を退き、家康は駿府に隠居城を築いて「大御所」とよばれるようになり、以来、家康が亡くなるまでの十年間、秀忠の江戸政権と、家康の駿府政権と、二つの政権が併立する二元政治の時代といわれている。しかし、本当に二元政治だったのだろうか。

たしかに、将軍を武家政権の最高権力者とみれば、将軍秀忠が、すべての武士の頂点に立つ形となる。ところが、実際の政治をみてみると、将軍秀忠より、大御所家康の方が確実に上位に立っていた。

その証拠はいくつも指摘されるが、ここでは二点にしぼって紹介しておこう。一つは、外交権を家康が握っていたことであり、朱印船の渡海朱印状の発給や、他国の船に対する来航の許可など、家康の朱印によってなされていた。外国使節は、江戸城の将軍秀忠よりも、駿府城の家康に謁見して、それぞれ目的を達していたのである。

さらにもう一つ、慶長十九年（一六一四）の大坂冬の陣開戦のプロセスをみると、大坂騒擾《そうじょう》という京都所司代板倉勝重からの報告が駿府城の家康に届けられ、家康は秀忠に相談せず、大坂討伐を決意した旨を秀忠に一方的に通知するだけであった。完全に交戦権も家康に握られていたのである。

このような、家康がはるかに上位に立ち、秀忠はその傀儡にすぎないような場合、江戸政権と駿府政権の二元政治といういい方は正確ではなく、やはり、わずか十年間とはいえ、駿府城の家康を頂点とする駿府時代があったと考えるのが自然であろう。

では、なぜ、家康は、将軍秀忠をコントロールしながら、駿府において、大御所として政治をとったのだろうか。一つの理由はさきに述べたように、「政権は徳川家が世襲する」という意志表示であったわけだが、それだけではなかった。

この点は朝尾直弘氏の指摘であるが、家康が、将軍という朝廷の官職にしばられるのを嫌い、朝廷の官職から自由な第一人者、すなわち天下人への歩みを踏み出したと解する（「幕藩制と天皇」『大系日本国家史』3）。卓見というべきであろう。

家康は、後継者政策の点においてもこのように万全を期していたのである。秀頼を一大名として残さず殺してしまったことも、その万全策の一つであるが、そのために人気を失ってしまったことは、ある意味では仕方ないことであった。

血ぬられた三池典太の刀

家康が発病したのは、元和二年（一六一六）正月・二十一日の夜半のことであった。この日家康は、鷹狩りに出かけ、田中城に泊まっている。

田中城において家康は、茶屋四郎次郎から上方で流行しているという鯛の料理を食べている。鯛を榧《かや》の油（一説に胡麻の油）で揚げたものといわれているので天ぷらである。家康はあまりの珍味に、いつもの「腹八分目」というモットーを忘れ、ついつい食べすぎてしまったようである。胃が弱っているところへ、油を取りすぎてしまったのであろう。

夜中に、にわかに腹痛をおぼえ、侍医片山宗哲《かたやまそうてつ》の診察をうけて薬を飲み、いちおう回復している。駿府城にもどったのは二十四日であった。

その後、少しずつ回復していき、三月十七日には、「手製の薬ばかりではなおりません」と言上した片山宗哲を信州高島に配流してしまうほど元気になり、同十九日には粥を一日に数回食べられるまでに回復した。

ところが四月十六日になって危篤状態に陥り、翌十七日、とうとう七十五歳の波瀾にみちた生涯を閉じたのである。

家康が亡くなる直前、『徳川実紀』では四月十五日のこととし、『明良洪範』は四月十七日、まさに臨終の日のこととしているが、家康のすさまじいまでの気魄を感じさせるエピソードが伝えられている。

この日、家康は病床についたまま、家臣の都筑久太夫景春《つづききゅうだゆう》をよび、三池典太《みいけてんた》の刀を渡し、罪人を試し切りにするよう命じた。久太夫は早速その刀をもって罪人を切り、その切れ味を家康に報告した。諸書に「生胴《いきどう》をためし…」とあるのはこのことである。なお、この刀は、銘「ウッスナリ」として、国の重要文化財に指定され、久能山東照宮の所蔵となっている。刃長は六七・七センチである。

家康は、その血のついたままの刀をうけとり、病床からおきあがって、二度、三度とふりまわし、「神霊をこれに止められ、永く国家を守らせ玉はん」と叫んだという。徳川の世の永続を、血ぬられた刀の霊によって守りぬこうとしたわけである。

もっとも、この刀を実際に所蔵する久能山東照宮では、ややちがった解釈をしている。久能山東照宮博物館の編集になる『徳川十五代甲冑と刀剣』では、家康が臨終に際し、大坂の陣後もなお不安をとどめている西国に対し、その方向へ切先を向けて立てて置くように遺言したとする。

なお、この刀そのものは、家康が晩年に最も好んでいた指料《さしりょう》だったことは確かで、筑後国三池に居住した光世の作といわれ、前田家に伝わる名物大典太《だいてんた》とともに、平安時代の代表的な刀とされている。

徳川家康年表

西暦	年号	年齢	家康関係	国内関係
一五四二	天文一一	一	三河岡崎城主松平広忠の長男として生まれる。母於大の方。	武田信玄、諏訪氏を滅ぼす。
一五四三	天文一二	二		ポルトガル人、種子島に漂着し、わが国に鉄砲を伝える。
一五四四	天文一三	三	広忠、於大の方と離別する。	織田信秀、斎藤道三と戦う。
一五四七	天文一六	六	駿府へ今川義元の人質となっていく途中、あざむかれて尾張に送られる。	武田信玄「甲州法度之次第」制定。毛利元就隠居し、隆元継ぐ。
一五四九	天文一八	八	広忠暗殺される。竹千代と今川氏の捕虜（織田信広）との交換成り、駿府に行く。	フランシスコ＝ザビエル、鹿児島に着き、わが国にはじめてキリスト教を伝える。
一五五五	弘治一	十四	元服し、松平次郎三郎元信と名乗る。	織田信長、清洲城に進出。
一五五七	弘治三	十六	今川氏重臣関口義広の娘（築山殿）と結婚する。	斎藤道三、子の義龍と戦って敗死。

一五五八	永禄一	十七	初陣。三河寺部城に鈴木重辰を攻める。元康と改名。	木下藤吉郎、織田信長に仕える。
一五六〇	永禄三	十九	尾張大高城への兵糧入れに成功。義元死後、岡崎城に復帰し、自立。	今川義元、尾張桶狭間で織田信長に殺される（桶狭間の戦い）。
一五六一	永禄四	二十	織田信長と和し、三河平定に着手。	武田信玄、上杉謙信と川中島で戦う（川中島の戦い）。
一五六三	永禄六	二十二	今川氏真と断交。家康と改名。三河一向一揆起る。	
一五六四	永禄七	二十三	一向一揆を鎮定し、三河をほぼ征圧する。	三好長慶没す。
一五六六	永禄九	二十五	徳川に改姓し徳川家康となる。三河守に任ぜられる。	毛利元就、尼子氏を下す。
一五六八	永禄一一	二十七	遠江に進出し、武田信玄と駿河、遠江の分割を約す。	織田信長、足利義昭を擁して上洛に成功。
一五六九	永禄一二	二十八	遠江をほぼ平定。	織田信長、キリスト教の布教を許可する。
一五七〇	元亀一	二十九	織田信長の援軍として、近江姉	織田信長、浅井長政同盟破棄さ

			川に出陣し、浅井長政の軍と戦う（姉川の戦い）。城を岡崎から浜松に移す。	れる。
一五七二	元亀三	三十一	武田信玄と三方ヶ原に戦い大敗を喫す（三方ヶ原の戦い）。	
一五七三	天正一	三十二	本多忠勝らに長篠城を攻めさせる。	武田信玄、信濃の駒場で病没する。
一五七五	天正三	三十四	織田信長と連合し、武田勝頼を長篠設楽原に破る（長篠の戦い）。	
一五七八	天正六	三十七		上杉謙信、春日山城で病没。
一五七九	天正七	三十八	織田信長の命により、長男信康と正室築山殿を殺す。秀忠生まれる。	
一五八一	天正九	四十	武田方の高天神城を落とし、遠江を完全に平定する。	
一五八二	天正一〇	四十一	武田氏の滅亡で駿河を得、さらに織田信長の死後、甲斐、信濃も奪い、五ヵ国の大名となる。	織田信長、明智光秀に殺される（本能寺の変）。九州三大名、少年使節をローマに派遣。

一五八三	天正一一	四十二	二女督姫を北条氏直に嫁がせる（後北条氏と同盟）。	羽柴秀吉、柴田勝家を賤ヶ岳に破る（賤ヶ岳の戦い）。
一五八四	天正一二	四十三	羽柴秀吉と小牧、長久手に戦い、講和（小牧、長久手の戦い）。	ポルトガル商船、平戸に着く。
一五八五	天正一三	四十四	居城を浜松から駿府に移す。	羽柴秀吉、関白となる。
一五八六	天正一四	四十五	豊臣秀吉の妹旭姫と結婚。大坂城で豊臣秀吉に謁見。	秀吉、豊臣姓を与えられる。
一五八七	天正一五	四十六		豊臣秀吉、九州征伐を行う。
一五八八	天正一六	四十七	駿府城天守完成。後北条氏に上洛を勧告する。	後陽成天皇、聚楽第に行幸。
一五九〇	天正一八	四十九	旭姫、聚楽第で没す。小田原攻めに先鋒を勤め論功行賞で関東に国替えとなる。	豊臣秀吉、小田原城の後北条氏を滅ぼす。
一五九一	天正一九	五十	奥州に出陣。	豊臣秀次、関白となり、豊臣秀吉は太閤となる。
一五九二	文禄一	五十一	肥前名護屋城まで出陣。	文禄の役はじまる。
一五九三	文禄二	五十二	藤原惺窩より『貞観政要』の講義をうける。	豊臣秀頼生まれる。

一五九五	文禄四	五十四		豊臣秀次、高野山で自殺。
一五九六	慶長一	五十五	正二位内大臣となる。	イスパニア商船サソフェリッペ号、土佐に漂着。
一五九七	慶長二	五十六	秀忠の長女千姫生まれる。	慶長の役はじまる。
一五九八	慶長三	五十七	五大老の一人となり、豊臣秀吉死後、政務を代行する。	豊臣秀吉没す。
一五九九	慶長四	五十八	大坂城西の丸に移る。	前田利家没す。
一六〇〇	慶長五	五十九	会津の上杉景勝征討に向かい、関ヶ原に石田三成らを破る。(関ヶ原の戦い)。	石田三成ら西軍の首謀者処刑される。
一六〇二	慶長七	六十一	二条城造営。	
一六〇三	慶長八	六十二	征夷大将軍に補任される。	千姫、豊臣秀頼に嫁ぐ。
一六〇五	慶長一〇	六十四	秀忠に将軍職を譲り、自らは大御所となる。	豊臣秀頼、家康の上洛催促を拒否。
一六〇六	慶長一一	六十五	諸大名に江戸城手伝普請を命ずる。	慶長通宝が出まわる。
一六〇七	慶長一二	六十六	駿府城を築き、隠居城とする。	角倉了以、富士川水路を開く。
一六一一	慶長一六	七十	二条城で豊臣秀頼と対面。	

一六一二　慶長一七　七十一　キリスト教を禁止する。

一六一四　慶長一九　七十三　大坂冬の陣起こる。　方広寺鐘銘事件。

一六一五　元和一　七十四　大坂夏の陣起こる。　豊臣氏滅亡する。

一六一五　元和二　七十五　駿府城で没し、久能山に葬られる。

徳川家康大全

著　者　小和田哲男
発行者　真船美保子
発行所　KK ロングセラーズ
東京都新宿区高田馬場 4-4-18　〒 169-0075
電話（03）5937-6803（代）　振替　00120-7-145737
http://www.kklong.co.jp
印刷・製本　中央精版印刷(株)

落丁・乱丁はお取り替えいたします。
※定価と発行日はカバーに表示してあります。
ISBN978-4-8454-0982-2　C0221　Printed In Japan 2016